KB201096

의욕이 바닥을 칠 때 읽는 책

MENDOUKUSAGARI NO JIBUN GA OMOSHIROI HODO
YARUKI NI NARU HON
© YOSHIHITO NAITO 2020
Originally published in Japan in 2020
by ASUKA PUBLISHING INC.,TOKYO.
translation rights arranged with ASUKA PUBLISHING INC.,TOKYO,
through TOHAN CORPORATION, TOKYO
and Eric Yang Agency,Inc, SEOUL.

모든 일에 무기력한 당신이
열정을 불태우게 되는 비법

나이토 요시히토 지음
이정은 옮김

의욕이
바닥을 칠 때
읽는 책

홍익출판 미디어그룹

들어가며 _8

1장 일상에서 의욕 상실이 사라지는
심리 법칙

1 무슨 일이든 처음 3주간은 절대 포기하지 마라   _14
2 뭔가를 기다릴 때의 지루함을 이기는 행동법   _18
3 옷을 최소한으로 줄여야 행복하다   _21
4 자기만의 업무 원칙을 정하라   _24
5 한 번에 한 가지 일만 하라   _27
6 제때 구구단을 배워야 하는 이유   _30
7 착실한 준비가 성공을 부른다   _34
8 집중학습과 분할학습   _38
9 복잡한 업무는 잘게 나눠라   _41

2장 업무 현장에서 의욕이 솟아나는
심리 테크닉

1 일이 끝난 뒤에는 반드시 보상을 하라 _ 48

2 무슨 일이든 20%만 전력을 다하라 _ 52

3 어떤 일이라도 1회 완료주의로 추진하라 _ 55

4 잡다하게 작업량을 늘리지 마라 _ 58

5 목표 설정은 최대한 빠르게 달성할 수 있는 것으로 _ 61

6 모처럼 집중하게 되었을 때는 최대한 몰두하라 _ 64

7 한 시간에 한 번은 반드시 자리에서 일어나라 _ 68

8 월요병의 원인은 일요일의 지나친 휴식 때문이다 _ 71

9 아무것도 하지 않는 혼자만의 시간을 갖자 _ 74

10 마감시간을 정하라 _ 78

3장 아무리 노력해도 의욕이 없을 때의
탈출 비법

1 누워 있는 습관은 의욕의 적이다 _ 84

2 하루에 한 번씩 커피타임을 _ 88

3 의욕이 없을 때는 다른 일을 하라 _ 91

4 의욕 없는 얼굴은 절대 금지 _ 94

5 될 수 있는 한 행복한 목소리로 말하자 _ 97

6 신나는 음악을 들어라 _ 100

7 일을 게임이나 스포츠로 여겨라 _ 103

8 자신을 도망칠 수 없는 상황으로 몰아넣는다 _ 106

9 빨간색 물건으로 몸을 치장하라 _ 110

10 기분이 다운되었을 때의 응급조치법 _ 113

4장 행동력 있는 사람으로 거듭나는
심리 전략

1　일처리가 빠른 사람과 함께 일하라　_ 120

2　당신의 롤모델은 누구인가?　_ 123

3　지나치게 완벽을 추구하지 마라　_ 126

4　무거운 가방을 들고 다니지 마라　_ 130

5　허황된 기대가 나쁜 것만은 아니다　_ 133

6　왜곡된 이상을 품지 마라　_ 136

7　심리적인 거리를 줄이면 그만큼 가까워진다　_ 139

8　행동하지 않는 자신에게 벌칙을 줘라　_ 143

9　자기 자신을 궁지에 몰아넣어라　_ 146

10　일단 시작하라　_ 149

 5장 그래도 의욕이 없는 사람들을 위한
심리 법칙

1　행동 그 자체를 그만둔다고 선언하라　_ 156

2　파일 정리를 꼼꼼히 하지 마라　_ 159

3　의욕이 사라진 게 아니라 지겨워졌을 뿐이다　_ 162

4　이거야말로 식은 죽 먹기라고 자신에게 말하라　_ 165

5　환경을 바꾸면 습관이 바뀐다　_ 168

6　골치 아픈 일이 일어날 거라고 미리 예상하라　_ 171

7　평소에 체력을 충분히 비축해두자　_ 174

8　습관으로 의욕을 끌어올려라　_ 176

9　사전 준비에 충분한 시간을 투자하라　_ 180

10　나 자신을 위해 하는 일이라고 다짐하라　_ 184

6장 지금 당장
행동할 수 있는 사람이 되자

1   칭찬은 나를 춤추게 한다   _ 190
2   지나치게 엄격한 규칙은 오히려 일을 망친다   _ 194
3   항상 최악의 상황에 대비하라   _ 198
4   미루면 더 힘든 일이 기다리게 된다   _ 202
5   재능이 없어도 성공할 수 있다   _ 205
6   재미없는 일이라면 명칭을 바꿔라   _ 208
7   나쁜 소식일수록 빨리 보고하라   _ 212
8   청명한 날은 최대한 노력할 기회다   _ 216
9   쉬운 일을 먼저 하고, 힘든 일은 나중에   _ 219
10 무리를 해서라도 멋진 모습을 보여라   _ 222
11 타인의 평가를 신경 쓰지 마라   _ 225

끝마치며   _ 229
참고 문헌   _ 230

여러분은 어느 순간 갑자기 의욕을 상실해버린 탓에 살맛까지 잃어버린 적이 있습니까? 누구나 살다 보면 '모든 게 귀찮다'고 생각하는 경우가 있습니다. 여러분은 언제 그런 무기력에 빠지곤 합니까?

한번 이런 딜레마에 빠지게 되면 생활의 양식을 얻기 위해 매일 일하러 나가는 것도 귀찮아지고 집안일, 육아, 공부, 운동, 목욕, 미용 등 일상의 모든 일에 권태로움을 느끼게 됩니다.

권태란 무슨 일에도 관심이 없어져서 싫증이나 게으름을 느끼는 것을 말합니다. 그래서 부부나 연인 사이에 서로에 대해 흥미를 잃고 싫증이 나는 시기를 권태기라고 합니다.

문제는 이런 권태로움이 젊은 층에게도 삶의 모든 영역에 침투하여 매사에 무기력하게 만든다는 것입니다. 이런 상태에서 얼마 동안이라도 도망치거나 회피할 수만 있다면 좋겠지만 현실적으로는 실행하기가 무척 힘든 일입니다. '싫다, 싫다……'고 느끼면서 생활을 이어나가려면 반드시 해야만 하는 일들이 많기 때문입니다.

이 책은 그런 기분을 말끔히 날려버리기 위해 만들어졌습니다. 땅에 떨어진 의욕을 일으켜 세우다니, 이렇게 말하면 왠지 사기꾼에게 놀아나는 듯한 기분이 들 수 있겠지만 그런 마법 같은 방법은 우리 주변에 얼마든지 있습니다.

사실 의욕을 상실한 나머지 어떤 일도 귀찮다고 여기게 되면 무슨 방법을 쓰더라도 신경 쓰고 싶지 않다고 느끼는 게 정상일지 모릅니다. 그렇기에 의욕 상실이라는 그 어려운 담론을 너무도 쉽게 말하는 나의 태도에 반신반의하는 사람들이 많을 것입니다.

하지만 의욕을 잃어버려 만사가 귀찮다고 느끼는 감정을 박멸하는 심리 테크닉은 얼마든지 있습니다. 나는 이제부터 그 비법을 이 책에 가득 담아 소개할 예정입니다.

그렇다고 인도나 중국에서 행해지는 매우 힘든 정신 수행 같은 것을 통해 고통을 고통으로 느끼지 않는 방법을 말하는 건 아니니 안심하기 바랍니다. 이것은 어디까지나 전 세계의 저명한 심리학자들이 발표한 논문이나 저서를 바탕으로 전하는 말이니 믿어도 됩니다.

누구라도 가볍게 실천할 수 있는 방법만을 엄선했기에 당장이라도 여러분의 삶에 적용할 수 있고, 당연히 큰 효과가 있다고 심리학자의 명예를 걸고 보증합니다. 마지막까지 잘 읽어주시길 바랍니다.

나이토 요시히토 드림

1장

일상에서
의욕 상실이 사라지는
심리 법칙

무슨 일이든 처음 3주간은 절대 포기하지 마라 • 뭔가를 기다릴 때
의 지루함을 이기는 행동법 • 옷을 최소한으로 줄여야 행복하다 • 자
기만의 업무 원칙을 정하라 • 한 번에 한 가지 일만 하라 • 제때 구구
단을 배워야 하는 이유 • 착실한 준비가 성공을 부른다 • 집중학습과
분할학습 • 복잡한 업무는 잘게 나눠라

잘나가던 그는
왜 의욕 상실에 빠졌을까?

대기업 해외영업부에서 근무하는 8년 차 직장인 A는 스스로 유능한 회사원이라는 자부심이 대단했다. 50여 명에 달하는 해외영업 파트에서 그의 성실함과 능력을 부인할 사람은 없을 것이다.

그가 이렇게 자기 일에 자부심을 갖는 이유는 그 어렵다는 아프리카와 북유럽 여러 나라에 무역 노선을 개척한 팀의 일원으로서 큰 공헌을 했다는 긍지가 컸기 때문이다.

1, 2년 차 초보 시절에는 정신없이 일하느라 앞뒤 돌아볼 틈이 없었지만 3, 4년 차를 넘어가면서 자기 자리도 정립하고 무역 상대국 기업의 담당자들과도 허물없이 지내는 사이가 될 정도로 업무 능력의 근육이 튼실해졌다.

아프리카로, 유럽으로 정신없이 뛰어다니며 새로운 시장을 개척할 때의 성취감에 그는 행복했다. 낯설고 까다로운 파트너를 만나 어려운 협상 과정을 거쳐 계약이 성사될 때의 만족감에 그는 보람을 느꼈다.

그러나…….

언젠가부터 아프리카나 유럽으로 떠나는 비행기가 죽도록 싫어졌다. 비행기를 갈아타기 위해 이국땅의 텅 빈 공항에서 지친 몸을 쉴 때는 길 잃은 새처럼 처량하다는 생각이 들었다. 언젠가부터 지겹도록 반복되는 업무와 거대한 조직의 부속품이라는 자괴감이 독버섯처럼 가슴을 짓눌렀다.

다람쥐도 쉬어가며 쳇바퀴를 돌리고, 고양이와의 낚싯대 놀이도 다섯 번에 한 번은 잡혀줘야 좋아한다. 하지만 정밀하게 만들어진 시계의 부속품처럼 자기 자리에서 조금도 벗어나지 않는 안정감이 오히려 그를 지치게 한 것이다. 그 때문인지 무기력이 그의 가슴을 꽉 채우고, 한 발짝의 일탈도 용인되지 않는 일상이 그를 탈진하게 만들었다.

이래서는 안 된다는 자책감과 그럴수록 뒷걸음질 치려는 태도가 습관이 되어버렸다. 회사의 기대가 클수록 그는 갈피를 잡지 못한다. 가족들의 시선도 부담스럽다. 의욕 상실의 늪에 빠진 것이다.

1
무슨 일이든 처음 3주간은
절대 포기하지 마라

우리는 완전히 습관화되어 몸에 뿌리를 내린 것이면 어떤 일이라도 권태를 느끼지 않고 할 수 있습니다. 습관이라는 것은 그냥 행동하는 게 당연하거나 하지 않으면 불안감이 생기는 행동 방식이라고 할 수 있습니다.

따라서 귀찮은 일을 귀찮아하지 않고 행하는 비결은 어찌 되었든 습관으로 만들어버리면 됩니다. 일단 습관으로 만들면 그때부터는 자동적으로 행할 수 있어 괴롭다든가 힘들다는 느낌이 들지 않게 됩니다.

매일 머리를 감는 것이 습관인 사람은 머리를 감을 때마다 귀찮다고 느끼지 않을까 생각할 수도 있지만, 절대로 그런 일은 없습니다. 습관적으로 하는 일을 하지 않으면 오히려 찝찝한 기분이 들어서 더 불편하기 때문입니다.

우리에게는 이렇게 새삼스럽게 의욕을 갖고 팔을 걷어붙이지 않아도 할 수밖에 없는 일이 많습니다. 아무리 힘든 일이라도 자동적으로 할 수 있으면 그렇게 쉬운 일도 없을 것입니다.

여러분에게 매일 10킬로미터를 달리라고 한다면 기분이 어떻겠습니까? 십중팔구는 너무 싫어서 머리를 흔들 것입니다. 너무 힘든 일이라 아무리 억만금을 준다고 해도 의욕이 생길 리가 없습니다.

하지만 마라톤 선수들은 달리기를 일과로 삼는다고 합니다. 그들에게 있어서 장거리를 달리는 일은 하나의 습관이기 때문에 고통을 전혀 느끼지 않고, 반드시 해야만 하는 일을 할 뿐이라는 의식밖에 없을 것입니다.

심리학자들은 어떤 행동을 습관화하기 위해서는 최소한 3주가 걸린다고 말합니다. 예를 들어 금연을 시작했다 치면, 최소한 3주는 지나야 이제 슬슬 금연 습관이 고착화되기 시작한다는 뜻입니다.

그렇다는 것은 21일이 지날 즈음에 담배를 끊었다고 큰소리치는 것은 말도 안 되는 일로, 이제 본격적인 금연이 시작되니 마음을 다잡는 편이 좋을 것입니다.

그러니까 처음 3주간은 아무리 힘들더라도 이렇다 저렇다 군소리를 해서는 안 됩니다. 이를 악물고서라도 매일 반드시 행해보도록 합시다. 3주가 지나면 조금 편해질 거라고 생각하면서 이 시기를 쉬지 말고 계속해 나가야 합니다.

런던대학의 필리파 랠리Phillippa Lally 교수는 학생들에게 새로운 습관을 고착화시키는 실험을 진행했습니다. 점심식사 때 과일을 함께 먹는다든지, 아침식사 후에 물 한 잔을 마신다든지 지금까지 자진해서 하지 않았던 새로운 습관을 들이도록 한 것입니다.

실험 참가자들은 매일 기록을 하며 그 일을 하는 게 전혀 고통스럽지 않은 레벨, 다시 말해서 이제는 습관화되었다고 느낄 때까지의 날짜 수를 계산했습니다.

그 결과, 저마다 편차가 조금은 있지만 대개 18일부터 94일까지 걸려서 습관화가 되어갔음을 알 수 있었습니다. 즉, 빠른 사람은 약 3주가 걸리고, 조금 늦은 사람은 3개월 정도가 걸린다는 의미입니다.

다만 여기서 중요한 것이 있습니다. 습관을 형성하는 기간에

새로운 습관의 형성

아침식사 후에는 반드시 물 한 잔을 마신다!

귀찮아⋯⋯   3주 후   당연한 듯이 마신다

는 쉬지 않고 행위를 반복해야 한다는 점입니다. 어느 정도 되었다고 중간에 멈추면 습관의 숙성 기간이 더 오래 걸립니다.

습관이 고착화되는 데 200일이나 300일이 걸린다면 너무 지겨워서 아예 손을 들어버리는 사람도 있을지 모릅니다. 그렇더라도 어쨌든 처음 3주간은 어떻게든 참아내어 빨리 습관화로 접어드는 것이 포인트입니다.

무엇을 배우거나 습관을 바꾸더라도 일단 3주는 해보고 나서 적응 여부를 말해야지, 그저 일주일 정도 해보고서 두 손을 든다면 그런 사람은 영원히 나쁜 습관에 얽매여 살아갈 것입니다. 무슨 일이든 3주는 반드시 행해야 한다는 사실을 꼭 기억하십시오.

2

뭔가를 기다릴 때의
지루함을 이기는 행동법

일상생활 중에 어떤 시간은 정말 쓸데없다고 생각되는 경우가 적지 않습니다. 예를 들어 지방에 가기 위해 고속버스 터미널에 나왔는데, 버스 출발이 1시간 지연되었다고 합니다.

이렇게 본의 아니게 1시간을 무료하게 보내야 할 때는 그냥 멍하니 있지 말고 다른 무엇인가로 바꾸기를 제안합니다. 그렇게 하면 권태로움을 느끼는 마음이나 오도 가도 못해서 안절부절못하지 않아도 됩니다.

나는 아무 일이라도 손에 잡지 않으면 곧장 지루함을 느끼는

기다리는 시간은 다른 일을 하는 시간으로

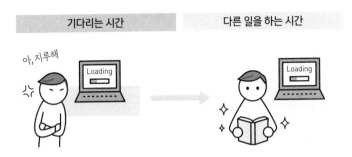

기다리는 시간   **다른 일을 하는 시간**

타입이라서 항상 책을 가방에 넣고 다닙니다. 그러다 뭔가를 기다리는 틈이 생기면 반드시 독서 시간으로 활용합니다.

강의 때문에 지방으로 여행을 갈 기회가 많은데 책 한 권만 지참하고 있으면 두세 시간은 거뜬히 버틸 수 있습니다. 요즘엔 사진 촬영하는 취미가 생겨서 지방에서 기차를 기다리는 동안 주변 풍경을 촬영하는 것도 아주 재미있습니다.

도쿄대학 대학원의 니시나리 카츠히로西成 活裕 교수도 이런 방법을 실천하고 있다고 합니다. 그의 책《낭비학無駄学》에는 '무슨 일에 귀찮다고 느끼는 것은 뭔가를 기다리게 되는 데서 오는 것'이라는 글이 나옵니다. 그는 또 이렇게 썼습니다.

"그렇다면 기다리게 되는 시간을 없애는 것, 즉 다른 일을 하는 시간으로 바꾸는 것이 현명하지 않을까? 그렇게 하면 지루함을 느끼지 않게 되기 때문이다."

사람은 저마다 무슨 일인가를 반드시 해야만 하는 운명을 안고 살아갑니다. 그래서 지금보다 비교적 느긋하게 살았던 옛사람들과 비교하면 뭔가를 기다리는 시간이 짜증이 날 정도로 싫어졌다고 볼 수 있습니다.

미국 네브래스카대학의 피오나 나Fiona Nah 교수는 웹 유저가 정보를 다운로드하면서 얼마까지 기다릴 수 있는지 조사해본 적이 있습니다. 어느 정도 기다릴 수 있을까요? 정답은 단 '2초'입니다. 2초 만에 다운로드가 종료되지 않으면 유저들은 확 짜증을 낸다는 얘기입니다.

그러니 의욕을 갉아먹는 일 때문에 짜증이 나고 싶지 않다면 다른 무엇인가를 할 것을 권합니다. 전철이나 버스를 기다리는 시간, 신호가 파란색으로 바뀌는 것을 기다리는 시간 등 일상 속에는 짧든 길든 기다려야 하는 시간들이 많습니다.

별것 아닌 일이라도 간단한 취미 하나 가지고 있다면 잠시 짬을 내어 땅에 떨어진 의욕이 새로 솟아날 때까지 기다릴 수 있을 것이고, 정신건강에도 유익할 것입니다.

3
옷을 최소한으로 줄여야
행복하다

여러분은 매일같이 '오늘은 어떤
옷을 입을까?' 하고 고민하지 않습니까? 계절에 따른 옷차림이
나 옷의 상하 조합을 고려하지 않으면 안 되니 아침부터 무엇을
입을지 고민하는 게 너무 성가시다고 느낀 적은 없습니까?

나에겐 그런 고민이 전혀 없습니다. 왜냐하면 나는 계절별로
5벌 정도밖에 갖고 있지 않기 때문입니다. 그래서 월요일부터 금
요일까지 어떤 옷을 입을지 거의 자동적으로 정해져 있습니다.

옷장의 가장 오른쪽에 걸려 있는 것을 입고, 세탁소에서 찾아
온 것을 가장 왼쪽에 걸어두면 어느 계절이든 대개 일주일 정도

선택지를 줄여서 옷을 선택하는 번거로움을 없앤다

의 사이클로 회전이 됩니다. 토요일과 일요일은 특별한 약속이 없는 한 집에서 지내기 때문에 옷을 선택하려고 고민할 일이 전혀 없습니다. 더구나 내 마음에 들면서도 촌스럽다고 여길 만한 옷은 한 벌도 없다고 믿기에 '촌스러워 보이지 않을까?' 또는 '어색하지 않을까?' 하는 걱정을 할 필요가 없습니다.

이것은 제니퍼 스코트Jennifer Scott라는 작가의 《프랑스인은 옷을 10벌밖에 가지고 있지 않다Lessons from Madame Chic》라는 책에서 배운 것으로 실생활에 적용을 하니 너무 마음에 들어서 계속 이런 습관을 유지하고 있습니다.

매일 아침마다 옷을 선택하는 게 고민된다고 말하는 사람은 옷을 너무 많이 가지고 있지 않은지 살펴보십시오. 선택지가 늘어나면 당연히 고르는 데 시간이 걸립니다. 선택의 시간이 많이 걸리니 당연히 귀찮다는 생각이 드는 것으로 선택지를 줄이면 그만큼 성가신 일도 없을 것입니다.

미국 노스웨스턴대학의 알렉산더 체르네프Alexander Chernev 박사는 작은 박스에 4종류의 초콜릿을 섞어 담고 좋아하는 것을 고르라는 조건과 16종류의 초콜릿을 담고 골라보라는 두 가지 조건으로 실험을 진행했습니다. 결과는 대부분 4종류에서 고르는 것을 선택했고, 고른 뒤에도 만족도가 더 높다는 것을 알 수 있었습니다.

선택지가 늘어나면 고르는 데 시간이 걸리는 것에 비해 실제로 뭔가를 고른다고 하더라도 '어쩌면 다른 것이 더 좋지 않았을까?' 하는 생각이 들어서 불만을 느끼고 맙니다.

그러니 옷장 속에 넘쳐나는 쓸데없는 옷들은 큰마음을 먹고 전부 처분해버립시다. 내가 정말 마음에 들어 하는 옷만 남기면 매일 옷을 고르는 것도 편해지고 무엇보다 마음에 드는 옷이니까 매일 기분 좋게 입고 다닐 수도 있습니다.

계절에 맞춰서 봄옷 5벌, 여름옷 5벌처럼 될 수 있는 한 최대한 줄이는 게 포인트입니다. 만약 새로운 옷을 갖고 싶다면 물론 사는 것도 괜찮지만, 필요 없는 옷도 계속 처분해가며 될 수 있으면 줄여나가는 게 중요하다는 점을 기억해둡시다.

4

자기만의 업무 원칙을
정하라

사람은 선택지가 너무 많으면 그
것들 중에 하나를 고르는 일이 지겨워져서 짜증이 나고, 이것이
계기가 되어 의욕이 가라앉는 악순환을 겪게 됩니다. 이때는 선
택지를 줄이면 좋겠지만, 무엇을 버리고 무엇을 택하면 좋을지
역시 고민되니 문제입니다.

이런 때는 '나만의 원칙'을 정하는 게 도움이 됩니다. 선택지
가 너무 많아 헤매게 된다면, 어떤 것을 택한다는 식으로 나만의
원칙을 사전에 정해두는 것입니다. '망설이게 될 때는 이것!'이
라는 원칙을 정하면 주저 없이 그것을 선택하면 되니 속이 편합
니다.

야구경기에는 투수가 무슨 공을 던질지 망설이게 될 때는 아웃 로우out low로 던지라는 말이 있습니다. 스트라이크 존에서 '바깥쪽 낮은 공'을 던진다는 뜻으로, 이 공이 어느 타자라도 가장 받아치기가 어렵기 때문입니다.

실제로 야구경기에서는 투수들이 이 공을 가장 많이 던지는데, 그만큼 타자들에게 위협적인 공이라는 뜻입니다. 하지만 매번 이 공을 던지면 타자들이 금방 눈치를 채니 이따금 한 번씩 던져야 효과가 있습니다.

네덜란드 라이덴대학 심리학과 교수 다니엘 티머만즈Daniel Timmermans 박사는 여러 후보자들 중에서 어떤 일에 최고 적임자를 고르는 실험을 한 적이 있습니다.

후보자들의 수는 3명, 6명, 9명 등 세 그룹으로 하고 각각의 후보자들을 비교할 만한 성격, 성별, 연령, 커리어 같은 속성은 5개나 12개가 되게 배치했습니다.

그 결과 선택지가 6명 이상, 속성이 10개 이상이면 의사 결정을 하는 게 매우 힘들어진다는 사실을 알 수 있었습니다. 선택지가 많아지면 무엇을 어떻게 비교하면 좋을지 모르기에 헤맬 수밖에 없기 때문입니다.

나 자신만의 규칙을 정한다

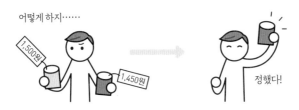

나만의 규칙 = 망설여지면 저렴한 쪽을 택한다

어떻게 하지······

1,500원

1,450원

정했다!

    쇼핑을 할 때, 비슷한 상품이 진열대에 잔뜩 쌓여 있으면 뭐가 좋은 것인지 선택이 어려워집니다. 그럴 때도 가장 저렴한 것을 선택한다든가 가장 유명한 브랜드를 선택한다든가 하는 자기만의 원칙을 정하면 수월하게 고를 수 있습니다.

    따라서 신상품을 사러 갈 때도 여러 상품들이 눈이 가득 들어와서 고르기가 힘들다면 사전에 '망설일 때는 파란색 계열로!', '망설이게 되면 줄무늬 디자인으로!' 같은 나만의 원칙을 정하면 그렇게 많은 시간이 걸리지 않게 됩니다. 추가해서 말하자면, 나만의 규칙에 객관성은 필요 없습니다. 스스로 납득할 수 있을 만한 규칙이라면 그것으로 OK입니다.

5
한 번에
한 가지 일만 하라

능력이 뛰어난 사람들 중에는 몇 가지 일을 한꺼번에 병행하는 경우가 있습니다. 하지만 이런 멀티multi 능력은 아무나 갖고 있는 건 아니니 여러분은 절대 흉내 내지 마십시오.

일을 할 때는 한 번에 한 가지만 집중해야 합니다. 보통 사람들이 여러 가지 일을 동시에 하면 결국 어느 쪽도 제대로 할 수 없게 되기 때문입니다.

스위스 바젤대학에서 소비자행동과학을 가르치는 벤자민 샤이베헤네Benjamin Scheibehenne 교수는 해야 할 일이 늘어날수록 그 일들에 대한 동기부여가 낮아진다는 사실을 확인했습니다. 할 일이 많을수록 의욕 상실로 줄달음친다는 것입니다.

이것도 저것도 내가 전부 해내야 된다고 생각하는 사람은 사실은 일을 하면서 좀처럼 의욕이 생기지 않는다는 이 연구를 통해 우리는 해야 할 일 하나에 집중할 때만이 진짜 의욕이 샘솟는다는 사실을 알게 됩니다.

스포츠에서도 이런 원칙은 통합니다. 예를 들어 야구라면 여러 가지 연습을 한꺼번에 하기보다는 오늘은 런닝만, 내일은 배팅만 하는 등 한 가지 연습으로 특화시키는 편이 연습의 효율도 높아집니다.

일도 마찬가지입니다. 어떤 사람은 회사에서 여러 가지 일을 동시에 맡고 있는 경우가 있습니다. 남들에게는 만능 재주꾼으로 비칠지 모르지만 가만히 살펴보면 무슨 일이든 큰 소득은 없다는 걸 알게 됩니다.

이럴 때는 이것저것 참견하지 말고 바로 눈앞의 일에 전력을 다해 임해야 합니다. 그렇게 하는 편이 더 빠르게 일을 마무리할 수 있습니다. 그러고 나서 다음의 일, 그다음의 일로 차분하게 순서대로 해나가면 됩니다.

서류를 작성하고 있을 때는 서류 작성에만 집중합시다. 5분

한 가지 일만 집중한다

 눈앞의 한 가지 일에만
집중한다

 동시에
여러 가지 일을 한다

마다 한 차례씩 메일을 확인한다거나 인터넷으로 정보 검색을
하는 등 온갖 잡스러운 행동으로는 시간만 걸릴 뿐입니다.

설령 메일 확인이나 정보 검색이 필요하더라도, 서류 작성이
끝났을 때 해도 되는 것이기에 모든 신경이 반드시 눈앞의 일에
모아져야 합니다.

일에 의욕이 없다고 투덜대는 사람일수록 많은 일을 짧은 시
간 내에 끝내려는 경향이 있는데, 그러다 보면 오히려 한 가지
일도 제대로 끝내지 못해서 더욱 일할 맛을 잃게 됩니다.

6

제때 구구단을
배워야 하는 이유

초등학교 저학년 때는 구구단을 배웁니다. 구구단을 암기하는 일은 아이들에게 매우 큰 고난입니다. 선생님은 빨리 외우라고 야단인데, 절반도 외우지 못한 아이는 더욱 쩔쩔맵니다.

구구단을 제때 배우지 않으면 머지않은 장래에 더욱 큰 문제가 생깁니다. 중학생이나 고등학생이 되어서 배우는 인수분해나 미적분은 모두 구구단에서 출발하고, 하다못해 성인이 되어 술집에 가서 돈 계산을 잘해야 바가지를 쓰지 않습니다.

구구단의 사례에서 볼 수 있듯이 미래의 불편한 일을 피하기

작고 귀찮은 일이 크고 귀찮은 일을 줄인다

위해 일부러 작은 불편을 극복한다는 발상을 회피하지 말아야

합니다.

"지금 이걸 하지 않으면 나중에 더 불편할 텐데……."

"만약을 위해 이 일도 해치울까? 앞으로 성가신 일이 생기지

않게."

이런 마음으로 '작고 불편한 일'들을 사전에 처리하는 자세가

바람직합니다.

당장 귀찮고 짜증 나는 일을 일부러 먼저 해결하면 혹시 있을

지 모를 큰일을 피할 수 있기에 중요합니다. 예를 들어 거래처에

게 다시 한 번 연락할 필요가 없더라도 만약을 대비해 메일을 보

내 납품기한을 확인하는 것도 중요합니다.

거래처 담당이 '아, 깜빡 잊고 있었네!'라고 말하게 되면 상품이 제때에 납품되지 못하고, 그런 일이 벌어지면 상사는 왜 미리 확인하지 않았느냐고 꾸중할 것입니다.

그런 일을 피하기 위해서라도 메일이나 전화 같은 작고 귀찮은 일을 미루지 않는 것입니다. 여기서 그치지 않고, 상대방에게 업무 내용을 스스로 말하게 하는 것도 좋은 아이디어입니다.

그가 이렇게까지 한다고 화를 낼 수도 있지만 상대에게 해야 할 일의 내용을 말하게 하면 나중에 잊어버려서 생기는 수고를 덜게 될 수 있을 것입니다.

영국의 컨설팅회사 인플루언스 앳 워크Influence at Work의 최고경영자 스티브 마틴Steve Martin 박사는 어느 의료기관으로부터 문제 해결 방안에 대한 의뢰를 받았습니다.

취소 통보도 없이 나타나지 않는 예약 환자들의 참석률을 높이기 위한 해결 방안을 연구해달라는 의료기관의 제안을 받고, 마틴 박사는 환자에게 내원 날짜와 시간을 의사 앞에서 복창하게 하라고 권했습니다.

의사가 '다음 예약 진료는 다음 주 화요일 오전 10시 30분입니다. 따라 해보십시오!'라고 하자 환자들은 저마다의 목소리로 따라 했고, 이후부터는 멋대로 약속을 어기는 환자들이 현저히 줄었다고 합니다.

사소하고 귀찮은 일을 싫어하거나 마다해서는 안 됩니다. 작고 귀찮은 일을 해두었기에 앞으로 닥칠 큰일을 막을 수 있다고 생각하면 작고 귀찮은 일을 미리 처리하는 것은 하나의 보험과 같다고 생각하게 될 것입니다.

'이런 소소한 일까지 전부 내 손으로 처리해야 하다니, 정말 일할 맛이 안 나네!'라고 투덜거리지 말고, '이렇게 하면 나중에 하찮은 일들에 휘둘리지 않을 거야!'라고 생각하는 게 포인트입니다.

7
착실한 준비가
성공을 부른다

요리를 할 때 식재료를 완벽하게 준비하면 메인 요리를 빠른 시간 내에 만들 수 있습니다. 업무도 마찬가지입니다. 사전에 준비를 잘하는 것이 시간을 줄이는 길이고 성과도 높아집니다.

준비를 제대로 하지 않은 채로 갑자기 일을 시작하면 쓸데없는 짓을 많이 하게 되어 피곤해지고, 이것이 의욕을 갉아먹는 원인이 될 수 있습니다.

거래처를 돌며 영업을 한다면 일단 회사에서 빨리 빠져나갈 궁리만 하지 말고 어떤 동선으로 돌면 빠르고 편하게 업무를 끝

업무시간을 절약시키는 사전 준비

확실히 준비하면
나중에 고생할 필요가 없다!

낼 수 있을지를 생각합시다. 가령 멀고 가까운 거리 관계를 고려하거나 같은 지역이라도 까다로운 거래처를 먼저 들렀다가 친근한 거래처로 이동하는 등 나름의 이동 전략을 세우는 것입니다.

이런 식으로 사전 준비를 해두면 막상 밖에 나가서 어디로 갈까 망설일 일도 없고, 이렇게 일하면 오후가 되어 회사가 점차 가까워지면 보람찬 하루였다고 느끼며 일할 의욕을 다시금 느끼게 될 것입니다.

또한 방문할 거래처의 질문 리스트를 미리 예측해서 꼼꼼히 챙기거나 상품 설명을 위해 팸플릿이나 자료, 계약서를 충분히 갖고 다녀야 합니다.

거래처 담당자가 자료를 달라고 요청하는데 '그건 나중에 다시 한 번 가져오겠습니다……'라고 말하는 일이 생기면 2중, 3중으로 시간이 들고 준비성이 부족한 사람이라는 낙인이 찍힐 수도 있습니다.

밖에 나가서 그때그때 임기응변으로 승부를 보려는 태도는 오히려 시간을 낭비하는 짓이고 짜증 나는 일들이 줄을 이을지 모른다는 점에서 매우 좋지 않은 태도입니다.

전화를 걸 때도 상대방에게 전달해야 하는 내용을 미리 살짝 메모하는 사전 준비를 하면 무엇을 말했어야 했는지 잊어버리는 일이 없습니다.

전화를 끊은 후에, '아, 그것도 전달했어야 했는데……' 하면 한 번 더 전화를 걸어야 하는 귀찮은 일이 생기고, 이런 일이 잦으면 왠지 똑똑하지 못한 사람으로 보일 수 있습니다.

캐나다 퀸스대학의 줄리안 발링Julian Barling 교수는 캐나다 전국에 있는 자동차 딜러회사들 중에 랜덤으로 60곳을 골라 영업사원들의 성적과 그들이 업무를 할 때 사전 준비를 어떻게 하는지 알아보았습니다.

그 결과 실적이 뛰어난 영업사원일수록 사전 준비가 충실하다는 사실을 알 수 있었습니다. 그런 사람들은 철저하게 앞을 내다보면서 준비하고, 쓸데없이 시간이나 노력이 낭비되는 상황을 피하고 있었던 것입니다.

매일 하는 일들이 의욕을 갉아먹는 시시한 일뿐이라고 투덜대는 사람은 업무 내용이 시시한 게 아니라 일에 대한 사전 준비가 틀려먹었기 때문에 그렇게 생각할 가능성이 높습니다.

그러니 자신의 일하는 방식을 점검해보십시오. 사전 준비는커녕 업무를 수행하는 것조차 버거워서 쩔쩔맨다면 지금 하는 일이 자기에게 정말로 맞는지 고민해야 합니다. 그럴수록 더욱 사전 준비에 철저하면 의욕을 잃어서 밥맛까지 잃는 경우가 사라질 것입니다.

8
집중학습과
분할학습

언젠가부터 식탁의자가 삐걱삐걱 소리를 내고 있습니다. 이건 못이 흔들리고 있기 때문으로 못을 단단히 조이면 금세 해결될 문제입니다. 하지만 여기서 조금 더 생각해봅시다.

"같은 날 구입했던 다른 의자 중에도 흔들거리는 게 있지 않을까?"

그러면서 다른 의자의 못도 꽉 조여줍니다. 조금 번거로운 일이지만 얼마 뒤에 다른 의자도 삐걱거릴 가능성에 대비해서 미래의 성가신 일을 방지하는 것입니다.

어떤 물품이라도 대개는 사용 기한이 비슷하기 때문에 하나를 못 쓰게 되면 다른 것들도 조만간 사용할 수 없게 됩니다. 아직 사용할 수 있다는 생각으로 행동을 늦추면 결국 다음에 성가신 일이 생기고 맙니다.

열심히 일을 하다가 이런 일이 자주 생기면 짜증이 쌓이고, 이것이 의욕을 끌어내리는 이유가 됩니다. 그러니 그런 일은 한 번에 묶어서 해치우는 게 비결입니다. 조금이라도 의욕이 생겼을 때 한데 묶어 정리하는 게 성가신 상황을 느끼지 않는 비결입니다.

공부할 때 한 번에 묶어서 하는 것을 집중학습, 조금씩 시간을 분산시켜서 공부하는 것을 분산학습이라고 합니다. 예를 들어 4시간 동안 집중해서 공부를 끝내는 게 집중학습이고, 한 번에 한 시간씩 중간 휴식을 하면서 4회에 걸쳐 나눠서 공부하면 분산학습이라는 얘기입니다.

뉴욕 주립대학의 존 도노반John Donovan 교수가 집중학습과 분산학습에 대해 63가지 심리 연구 데이터를 통해 알아본 결과 약간의 차이로 분산학습 쪽이 효과적이라는 결론을 얻을 수 있었습니다.

그렇다고 해도 개인적으로 나는 집중학습 쪽을 좋아합니다. 아마 개인차가 있을 수 있겠지만 공부는 언제 해도 지겨운 일이니 한 번에 묶어서 끝내버리는 게 정신적 피로감을 피하는 길이라고 생각하기 때문입니다.

직장생활을 하다 보면 과제가 중첩되어 산더미처럼 쌓일 때가 있습니다. 이럴 때 왜 나에게만 이렇게 일이 많으냐고 투덜대 봐야 소용이 없습니다.

이왕에 하는 일이라면 집중해서 처리할지, 아니면 분산해서 처리할지를 결정해서 집중력을 발휘하는 게 좋습니다. 현명한 직장인은 이런 때 자기만의 노하우를 통해 남보다 훨씬 빠르게 과제를 끝냅니다.

9
복잡한 업무는
잘게 나눠라

"이렇게 산더미같이 많은 일이라니, 정말 못하겠어!"

"나는 절대로 복잡한 일은 하고 싶지 않아!"

이렇게 할 일이 너무 많아서 생긴 의욕 상실로 인해 마음이 짓눌릴 때는 작업 자체를 잘게 나누어 분할하면 좋습니다.

어떤 사람이 너무 많은 걱정거리 때문에 고민에 빠져 있다가 걱정할 일이 무엇인지 노트에 적어보았더니 서너 개밖에 안 되더라는 얘기가 있습니다.

이는 심리학적으로도 규명이 된 이야기로, 머릿속에 걱정을 뒤엉켜놓고 있으니 매우 많은 걱정이 쓰레기더미처럼 혼재하고 있는 것처럼 느꼈을 뿐입니다.

일도 마찬가지입니다. 아무리 복잡한 작업이라도 하나씩 잘게 나누면 의외로 간단해 보입니다. 거대한 산처럼 보이던 걱정거리들을 분리하듯이 하나하나 세분하면 반드시 이렇게 말하게 될 것입니다.

"뭐야, 이렇게 쉬워도 되나?"

"어? 정말 별게 아니었네."

이런 일은 대개 신입사원 시절에 일하는 요령을 잘 모를 때 생기는 일로, 점차 업무에 숙련이 되면 습관처럼 세분해서 일하게 됩니다.

미시간 주립대학 심리학 연구팀은 큼지막한 치즈를 입에 넣을 때는 작게 썰어서 나누어 먹어야 하듯이 아무리 복잡한 일이라도 잘게 나누면 수월하게 처리할 수 있다고 말하며 이를 '스위스 치즈법'이라고 불렀습니다.

자기 능력 이상의 큰 작업을 눈앞에 두면 선뜻 엄두가 안 나고 의욕도 생기지 않지만 그 일을 몇 개의 작은 프로젝트로 분할하면 어떻게든 해낼 수 있습니다. 이때는 이제 더 이상 분할할 수 없다고 할 정도로 세분하는 게 좋습니다. 그렇게 해야 각각의 작

귀찮은 일은 잘게 분할한다

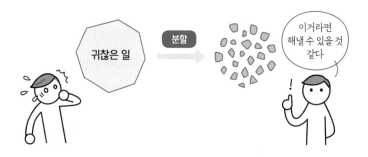

업이 편하게 처리되기 때문입니다.

이런 원리를 실제로 현장에 적용해본 연구 사례가 있습니다. 스탠퍼드대학 앨버트 반두라Albert Bandura 교수는 7세부터 10세까지의 어린이들을 모은 뒤에 두 그룹으로 나누었습니다.

한 그룹에게는 큰 과제를 내주었습니다.

"여기 50페이지의 수학 문제집을 한 번에 전부 끝내세요!"

그리고 다른 그룹에게는 이렇게 말했습니다.

"이 수학 문제집을 5페이지씩 나눠 차례로 해보세요!"

초등학생들에게 50페이지나 되는 문제집 한 권을 계속 죽치고 앉아서 한 번에 푸는 것은 대단히 힘든 일입니다. 그러나 한 번에 5페이지씩 나누어 푸는 것은 얼마든지 가능합니다. 실제로 한꺼번에 전부 끝내라는 과제를 전달받은 그룹에서는 제대로 전부 끝마친 학생이 55%였고, 나머지는 도중에 포기해버렸다고 합니다.

반면에 한 번에 5페이지씩 잘게 나누어준 그룹은 74%가 과제를 완전히 끝냈다고 합니다. 결과적으로 볼 때 4명 중에 3명이 끝마쳤으니 분할법이 유효하다는 사실을 입증한 셈입니다.

자기 앞에 닥친 업무의 분량이 한 번에 끝내기가 어렵다고 판단된다면 자기 능력에 맞는 분량으로 나누어야 합니다. 그래야 의욕이 솟아나기 때문으로, 기회가 되면 현실 업무에 적용해보기 바랍니다.

2장

업무 현장에서
의욕이 솟아나는
심리 테크닉

일이 끝난 뒤에는 반드시 보상을 하라 • 무슨 일이든 20%만 전력을 다하라 • 어떤 일이라도 1회 완료주의로 추진하라 • 잡다하게 작업량을 늘리지 마라 • 목표 설정은 최대한 빠르게 달성할 수 있는 것으로 • 모처럼 집중하게 되었을 때는 최대한 몰두하라 • 한 시간에 한 번은 반드시 자리에서 일어나라 • 월요병의 원인은 일요일의 지나친 휴식 때문이다 • 아무것도 하지 않는 혼자만의 시간을 갖자 • 마감시간을 정하라

누가
그녀의 행복을 빼앗아갔나?

B가 12년에 걸친 직장생활을 끝내고 결혼과 함께 가정에 안착하기로 결심했을 때, 주위 사람 모두가 잘못된 선택이라며 가로막았다. 전업주부로 사는 것은 나중에 결정해도 늦지 않으니 일할 수 있을 때 최대한 능력 발휘를 하라는 게 주위 사람들의 공론이었다.

하지만 B의 결심은 확고했다. 대학을 졸업하고 곧바로 광고회사에 취업하여 지금까지 참으로 열심히 달려왔다. 그렇게 일하면서 공부 욕심을 버릴 수 없어 야간대학원을 마칠 정도로 억척을 부리기도 했다.

하지만 B는 언젠가부터 자신이 점점 소모되어간다는 느낌을 떨쳐버릴 수 없었다. 남들에게 이런 말을 하면 직장인으로 산다는 게 다 그렇다며 사치스런 푸념하지 말라고 하지만, 그녀는 직장생활을 지속할수록 느껴지는 까닭 모를 상실감에 가슴이 아렸다.

기획팀장이라는 명함을 반납하고 퇴직한 지 벌써 5년이 흘렀다. 처음엔 얼마 동안 쉬다가 기회가 되면 전직을 하든지, 아니면 어릴 적부터의 꿈인 여행작가가 되기 위한 글쓰기 공부를 본격적으로 시작하려고 했다.

하지만 너무도 빨리 흘러가는 시간은 그녀의 꿈마저도 너무도 빨리 빼앗아갔다. 전직을 하려니 후배들의 도전을 이겨낼 자신이 없고, 여행작가가 되려니 자신의 소양이 너무 부족하다는 생각이 든다.

그녀는 왜 5년 전에 그렇게 섣부르고 무모한 선택을 했었는지 자책하며 어느덧 마흔 살을 목전에 둔 자신을 쓸쓸히 돌아본다. 그러면서 한때 자신이 손에 쥐고 있던 많은 것들을 스스로 놓아버렸다는 사실에 어찌 할 바를 모른다.

많은 것을 바라지도 않는데, 무엇 하나 제대로 할 수 없는 오늘의 삶이 너무 싫다. 의욕도, 활력도 없는 삶에서 빨리 빠져나가고 싶지만 어떻게 해야 할지 방법을 모르겠다. 그녀의 근심은 깊기만 하다.

1

일이 끝난 뒤에는
반드시 보상을 하라

인간은 의외로 단순한 측면이 있어서 아무리 힘든 일을 하더라도 끝난 다음에 보상이 기다리고 있다는 생각을 하면 그리 큰 고통을 느끼지 않습니다. 보상의 단맛이 고통의 쓴맛을 이기기 때문입니다.

공부를 특별히 재미있어하는 사람은 많지 않겠지만, 그럼에도 공부를 지속하려는 사람은 어떤 형태로든 보상이 뒤따른다는 기대감이 있기 때문입니다. 보상이 하나도 없는데 흐트러짐 없이 앉아서 집중력을 발휘하려면 무척 힘든 일입니다.

경주마들은 훈련받을 때 눈앞에 당근이 매달려 있어 그것을 먹으려고 필사적으로 달리는 것이지, 보상이 하나도 없는데 전력으로 달리라고 한들 의욕적으로 달릴 리가 없습니다. 인간이나 동물은 그런 점에서는 완전히 똑같다고 할 수 있습니다.

보상이 뒤따르면 마음상태가 달라집니다. 우리가 회사에서 열심히 일하는 것도 급여라는 보상이 있기 때문입니다. 물론 자원봉사를 하며 무료로 헌신하는 사람들도 많지만, 일반적인 경우 월급도 나오지 않는데 그렇게 전력투구할 리가 없을 것입니다.

이것은 개인의 경우도 마찬가지입니다. 의욕을 상승시키려면 자신에게 그럴듯한 보상을 하는 것이 중요합니다.

"이 프로젝트를 잘 끝내면, 갖고 싶었던 낚싯대를 사야지!"

"오늘 안으로 서류 작성을 다 마치면 근사한 저녁식사를 나한테 대접해야지!"

이런 식으로 자기와의 약속을 하는 것입니다. 그런데 보상은 어디까지나 일을 마친 후에 해야 합니다. 일도 하기 전에 미리 보상을 해주면 중도 포기가 빨라질 가능성이 높기 때문입니다.

뉴욕 시립대학의 헤퍼 벰비너티 Héfer Bembenutty 교수는 대학생이 콘서트나 연극, 스포츠 관람 등 자신이 정말 좋아하는 일을 하고 나서 공부를 하는지, 아니면 공부를 먼저 하고 즐거운 일을 나중으로 미루는지를 조사했습니다.

자기 자신에게 보상하는 습관을 갖는다

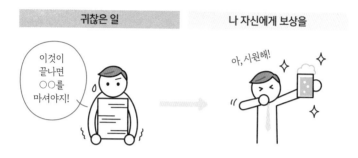

귀찮은 일	나 자신에게 보상을

결과는 당연하다고 할 만큼 '공부 먼저, 보상은 나중에!'라고 답한 학생이 학습 의욕, 시간 활용, 성적 등 모든 면에서 우수했습니다.

더운 여름날, 정원에서 풀을 뽑거나 가지치기를 할 때 '이 일이 끝나면 꽝꽝 얼린 잔에다 차디찬 맥주를 들이킬 거야!'라고 보상하는 생각도 좋습니다.

그런 보상이 있으면 힘든 작업도 전혀 고생스럽지 않습니다. 일이 끝나면 보상받을 것을 생각하면 기분 좋게 땀을 흘릴 수 있기 마련입니다.

"주중에는 어쨌든 힘내고 주말에는 데이트를 할 거야!"

이렇게 생각하면서 일하면 일주일간의 업무 부담도 덜 힘들게 처리할 수 있습니다. 같은 일을 하더라도 이렇게 자신을 기쁘게 할 보상을 준비하면 의욕의 상실 없이 쉽게 참아낼 수 있는 것입니다.

2

무슨 일이든
20%만 전력을 다하라

　　　　　　　자기에게 부여된 일을 추진하면
서 어떻게든 전력을 다하는 자세는 멋진 일입니다. 그런 정신이
조직원의 본분이기도 하고, 일하는 행복이기도 합니다.

　하지만 일이란 원래 하고 싶지 않은 것이기 때문에 어떤 이유
를 대고서라도 적당히 넘기고 싶은 게 인지상정입니다. 따라서
진력을 다하는 것은 20% 정도만 하고 나머지 80%는 조금 적당
히 하는 것을 자신에게 허락하면 어떨까요?

　'파레토의 법칙'을 잘 알고 있을 것입니다. 이탈리아 경제학자
빌프레도 파레토 Vilfredo Pareto가 제시한 이론으로, 어떤 일이든

20%만 일에 전력을 다하자

20%	80%
전력 / 중요	조금 편하게 ♪
정말로 중요한 일에 전력으로 임한다	적당한 노력으로 임한다

20%에서 대부분의 성과가 나오고 나머지 80%의 일은 그다지 의미가 없다는 것입니다.

다른 사례도 있습니다. 상위 20%의 고객이 백화점 전체 매출의 80%를 차지하는 현상을 설명할 때도 이 용어를 사용하는데, 파레토는 원래 이 법칙을 설명하면서 이렇게도 말했습니다.

"이탈리아 인구의 20%가 이탈리아 전체 부의 80%를 가지고 있다."

이러한 법칙을 조금 다른 측면에서 살펴보겠습니다. 비즈니스 세계에서는 어느 업종이라도 전력을 다해 추진할 일은 전체의 20% 내외라는 속설이 있습니다. 이것은 단순히 경험 원칙이기 때문에 수치가 다소 다를 수 있겠지만 대개 상위 20%의 일이 중요하다는 상황은 바뀌지 않습니다.

무슨 뜻이냐 하면, 정말로 중요한 20%의 일에서만 전력을 다하고 나머지 80%의 일에서는 다소 긴장의 끈을 풀어도 전혀 문제가 없다는 얘기입니다. 그렇다고 '대충 이 정도만'이라며 얼렁뚱땅하라는 뜻은 아니니 유념하기 바랍니다.

대부분의 백화점에서 영업이익의 데이터를 분석해보면, 이익의 80%는 전체 고객 중 상위 20%에서 나오고 있음을 알게 됩니다. 따라서 백화점들은 고객 전원에게 균등하게 서비스를 제공하기보다는 우량 고객 20%만 골라 차별화된 서비스를 제공하고 나머지 고객에게는 기본적인 서비스만 제공하고 있습니다. 그러는 편이 편하고 효율적이기 때문입니다.

이런 원칙을 개인의 차원으로 바꾸면, 우선 자신이 하고 있는 일들을 '정말로 중요한 일'과 '적당히 처리해도 좋은 일'로 나누어보십시오. 이때 우선순위를 정하면 좋습니다. 모든 일에 우선순위를 매겨서 위에서부터 20%의 일에 전력을 다합니다. 그 일에 대해서는 적당히 하면 절대 안 된다는 각오로 자신의 에너지 대부분을 쏟아부어야 합니다. 당연히 그렇게 일을 하고 나면 피로해지니 나머지 80%의 일에서 밸런스를 맞추면 됩니다.

3

어떤 일이라도
1회 완료주의로 추진하라

메일만 먼저 읽고 나중에 답장한다는 사람들이 많습니다. 일단 어떤 메일이 와 있는지 보고 나중에 시간이 날 때 답을 한다는 생각인데, 이런 업무 태도는 좋지 않은 습관입니다.

나중에 하면 메일함에 들어가서 메일을 하나하나 구분해야 하고, 아예 답장하는 것도 잊어버릴 수가 있습니다. 그렇기 때문에 메일 체크를 할 때 답신이 필요하다 싶으면 그 자리에서 당장 써 보내는 걸 추천합니다.

사람들은 흔히 하기 싫은 일은 가급적 뒤로 미루는 경향이 있

일은 한 번에 끝낸다

두 번의 수고

우선 체크하고
나중에
답장하자

메일을 읽을 뿐

다시 한 번 메일을
확인하고 답장

한 번으로 끝

이 메일은
답장할 필요가
있어 보이니
써 보내자

한 번에
끝내자!

메일을 읽고
답장까지 완료!

는데, 이러면 업무량만 많아지고 이것이 부담이 되어 의욕을 빼앗기는 원인이 됩니다. 심리학의 실험에서는 사람들에게 의도적으로 고통을 주기 위해 같은 작업을 끊임없이 시키는 경우가 있습니다.

폴란드 과학아카데미의 심리학 연구팀은 생리학 논문에 나온 단어 중에 'e' 부분에만 밑줄을 긋는 정말로 귀찮은 작업을 학생들에게 시킨 적이 있는데, 이 일을 하게 된 학생들은 타인에게 배려가 없어지고 비꼬는 말을 아무 의식 없이 내뱉게 되었습니다.

동일한 일을 몇 번이나 거듭하게 되면 누구라도 귀찮고 짜증이 나서 일할 맛을 잃어버리게 됩니다. 그러면 자기도 모르게 화가 치밀어 올라와 아무에게나 분풀이를 하기 때문에 인간관계가 험악해질 수밖에 없습니다.

그렇기 때문에 어떤 일이든 한 번에 해결하는 것이 매우 중요합니다. 서류 작성을 할 때도 몇 차례에 걸쳐 조금씩 진행하지 말고 가급적이면 한 번에 끝을 내도록 합시다.

어떤 작가는 원고를 끝낸 후에 심지어 퇴고도 필요 없다고 말합니다. 한 방에 끝을 낸다고 생각하며 쓰게 되면 나태하게 글을 쓰는 습관도 없앨 수 있기에 꽤 좋은 문장이 나올 수 있다는 것입니다.

《파운데이션 Foundation》과 《나는 로봇I, Robot》 같은 SF 소설 작품을 발표한 아이작 아시모프 Isaac Asimov는 500편이 넘는 다작을 남긴 작가로 유명한데, 그 역시 거의 퇴고를 하지 않는다고 했습니다. 퇴고하지 않는다는 원칙을 정해놓으면 시간이나 노력도 절약할 수 있고 최선을 다한다는 의지도 보일 수 있지 않을까요?

4

잡다하게 작업량을
늘리지 마라

서류를 작성할 때의 비결은 어쨌
든 간결한 언어 표현만 하고 쓸데없이 수식어를 남발하는 등 문
장에 멋을 부리지 않는 것입니다. 그러나 현실에서는 그렇지 않
은 사람들이 꽤 많습니다.

"부장님이 감탄할 멋진 문장을 쓰자!"

"능력이 있다는 걸 어필할 수 있도록 전문용어를 최대한 동원
하자!"

이런 식으로 생각하기 때문에 서류 작성에 시간이 걸리고, 결
과적으로 실패하는 것입니다. 비즈니스 서류는 문학작품이 아닙
니다. 핵심은 빠진 채 엉뚱한 용어만 남발해서는 아무 소용이 없

습니다.

서류 작성의 궁극적인 목적은 상대방이 읽고 납득하는 것입니다. 그렇다면 어쨌든 알기 쉬운 문장으로 요점만 간단히 쓰도록 염두에 두어야 합니다.

프린스턴대학의 다니엘 오펜하이머Daniel Oppenheimer 교수는 학생들이 리포트를 작성하면서 일부러 난해한 단어를 구사하는 걸 보고 '평이한 문장을 써야 한다'고 강조했는데, 이유는 그것이 전달이라는 기능을 향상시키기 때문입니다.

오펜하이머 교수는 쉬운 문장이 전달력을 강화한다는 사실을 확인하는 실험을 했습니다. 영문학에 관한 리포트를 작성했는데 하나는 쉽고 단순한 문장이고, 다른 하나는 동일한 내용임에도 매우 난해한 문장으로 작성했습니다.

이를 71명의 학생들에게 읽히고 어느 정도 이해했는지 물어보자 난해한 문장을 선택한 학생은 단 한 명도 없을 만큼 압도적으로 평이한 문장이 받아들이기 쉬웠다고 말했습니다.

헤밍웨이 같은 위대한 작가도 지인들에게 개인적인 편지를 쓸 때는 난삽한 문장을 철저히 배제했습니다. 단지 자기의 생각을 전달하면 되기에 그런 표현을 멀리했던 것입니다.

그러나 현실적으로 이런 일은 말이 쉽지 행동으로 옮기기가 매우 어렵습니다. 회사에서 파워포인트로 슬라이드를 만들 때 무조건 큰 폰트로 보기 쉽게 만들면 그것으로 충분한데, 장식품처럼 뭔가를 늘어놓은 내용으로 채우려는 사람들이 있습니다.

그런가 하면 애니메이션을 잡다하게 집어넣거나 어쭙잖은 일러스트를 여백에 넣은 슬라이드를 만드는 사람들도 있습니다. 이런 일은 수고에 비해 전달력이 완전히 떨어지는 것으로, 순전히 자기만족을 위한 문서에 불과해서 높은 점수를 받기가 어렵습니다.

파워포인트 슬라이드를 만든다면 심플하게 조항별로 나누고 내용별로 명료하게 작성하면 충분합니다. 굳이 디자인이 필요하다면 평범하게 흑백으로 구성하는 게 읽기 편합니다. 모처럼 서류를 멋지게 작성하려고 지나치게 힘을 주었는데, 오히려 역효과가 나서 상사들의 미간이 찌푸려진다면 하지 않는 게 나을 뻔한 것입니다.

5
목표 설정은 최대한 빠르게 달성할 수 있는 것으로

캐나다 캘거리대학의 피어스 스틸Piers Steel 교수는 사람을 의욕적으로 만드는 방법으로 가급적이면 수월하게 달성할 수 있는 목표를 제공하는 게 최고라고 말합니다.

사람은 누구나 '이제 곧 골인지점'이라고 생각하면 의욕이 솟구칩니다. 따라서 될 수 있는 한 골인지점을 가깝게 두는 것이 의욕을 유지하는 비결이라 하겠습니다.

골인지점이 지나치게 멀게 남았다면, 다시 말해서 성취할 수 있는 시간이 많이 걸리는 과제라면 뛰기도 전에 중도에 빨리 지쳐버리기 때문에 성취의 시간이 최대한 빠른 지점을 목표로 두

간단히 달성할 수 있는 목표를 설정한다

는 것이 좋습니다.

어떤 제품을 1,000개 만들면 보수를 받는 사람이 있습니다. 그런데 그는 1,000개째가 가까워지면 손이 빨라지지만 1,000개를 넘기면 잠시 동안은 해이해진 마음을 추스르는 데 상당히 어려움을 겪게 됩니다.

심리학에서는 이런 행동 패턴을 '브레이크 앤 런break and run'이라고 부릅니다. '휴식과 가속'이라는 뜻으로, 의욕적인 마음을 유지하고 싶다면 목표를 작게 설정하는 것이 좋다는 의미가 담긴 표현입니다.

이 이론에 따른다면, 1,000개가 아니라 100개를 만들 때마다 보수를 받는다면 의욕이 쉽게 사그라지지 않을 것입니다. 애매

한 휴식보다는 힘이 계속되는 한 질주하려고 하기 때문에 힘을 내는 상태를 유지할 수 있기 때문입니다.

목표에 도달하기까지 시간이 걸린다든지 노력을 많이 요하는 일이면 아무래도 사람은 도중에 힘이 빠지고, 그렇게 되면 같은 페이스로 계속 달릴 수 없게 됩니다. 엄청난 연습을 한 마라토너가 아니라면 마라톤을 할 때 뛰거나 걷거나를 반복하는 것처럼 말입니다.

하지만 만약 3킬로미터만 달리는 마라톤이라면 어떨까요? 그 정도라면 도중에 쉬지 않고 달릴 수 있을 것입니다. 일을 하다 보면 아무래도 전문지식을 배울 필요가 있어서 매우 두꺼운 전문서적을 읽지 않으면 안 된다고 합시다. 그런 생각만 해도 벌써 책장을 펼치기도 전에 짜증이 솟구칩니다.

하지만 2~3페이지 정도만이라도 좋다고 작정하면, 휴식을 취하지 않아도 읽을 수 있지 않을까요? '그 정도라면 식은 죽 먹기'라고 할 만한 목표를 설정한다면 인간은 마지막까지 질주할 것입니다.

6

모처럼 집중하게 되었을 때는 최대한 몰두하라

나는 원고를 쓰고 있을 때는 절대로 전화를 받지 않습니다. 아내도 그것을 알고 있기에 대신 전화를 받게 되더라도 '남편이 외출 중이라……' 하고 적당히 둘러댑니다.

전화로 대화를 나눈다고 해봐야 기껏 2~3분에 불과할 테지만 모처럼 집중하고 있는데 방해를 받아 하나에 집중했던 머리가 작동을 멈추게 되면 원래대로 되돌리기 어렵습니다.

마이크로소프트사의 직원들을 대상으로 진행한 조사에서, 직원들이 업무를 수행하다가 전화나 이메일로 인해 중단이 되면

몰두할 때는 중단하지 말고 집중한다

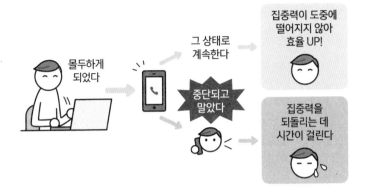

집중력을 되돌리는 데 15분 정도 걸린다고 합니다.

모처럼 일에 몰두하고 있는데 뭔가에 방해를 받는다면 이것은 정말 아까운 시간이라고 할 수 있습니다. 그러니 '오늘은 왠지 업무 속도가 좋은데!' 하고 느낄 때는 곁눈질하지 말고 일에 정신을 쏟는 것이 정답입니다.

기업에 따라서는 오후 1시부터 3시까지는 '열정 타임'이나 '전력투구 타임'이라는 이름으로 그 시간에는 전화가 와도 반응하지 말라고 사원들을 독려하는 곳이 있습니다.

이런 방식은 내가 원고 작성할 때 집중하는 광경이기도 하고, 사실은 글로벌기업에서 흔하게 볼 수 있는 업무 모습이기도 합니다. 점심식사 후 오후의 첫 두 시간을 문자 그대로 열정적으로 일하는 타이밍으로 본다는 면에서 권장할 만한 퍼포먼스라고 생각합니다.

누구나 하루 중에 '이 시간만 되면 집중할 수 있다'는 시간대가 있게 마련입니다. 그때가 되면 아무리 의욕이 없는 사람이라도 일에 집중해볼 수 있는 시간대라서 팔을 걷어붙이게 됩니다.

그러니 우선 자신이 어느 때가 열정 타임인지를 생각해봐야 합니다. '나는 하루 종일 일하기 싫어!'라고 한다면 할 말이 없지만, 억지로라도 전력투구 타임을 정해서 그 시간대에 힘을 내는 전략도 추천할 만합니다.

미시간 주립대학의 바바라 왓츠Barbara Watts 교수는 우리가 가장 집중할 수 있는 시간대는 아침에 잠에서 깨어나 체온이 슬슬 올라가는 '최고 체온의 시간대'라고 설명합니다.

왓츠 교수는 말하기를, 아침형 인간들은 기상하고 나서 비교적 빠른 단계에서 최고 체온이 된다고 합니다. 그러므로 아침형 인간은 오전 중엔 사람들을 만나지 말고 열심히 일을 하는 편이 좋다고 하겠습니다.

반면에 올빼미형 인간은 저녁때가 되면 상태가 좋아지기 때문에 그 시간대에 힘을 내어 일을 하든지 일거리를 집에 가지고 가서 밤에 하는 편이 효율적일 수 있습니다.

왓츠 교수는 누구나 하루 동안 계속 똑같은 열정과 속도로 일할 수는 없으니 자신의 리듬에 맞춰 힘이 날 때는 아무 생각 말고 집중을 하고, 그렇지 않을 때는 그에 맞게 적당히 업무를 처리하는 방식이 일을 편하게 처리하는 비결이라고 말했습니다.

7
한 시간에 한 번은
반드시 자리에서 일어나라

몇 시간이고 계속 의자에 앉은 채 작업하고 있으면 당연히 근육이 굳어버리고 몸이 피곤해집니다. 그런 때는 한 시간에 한 번씩 휴식을 취한다는 원칙을 세우고 실천하기 바랍니다.

화장실에 가고 싶지 않더라도 애써 일어나 손을 씻거나 물이라도 한 잔 마시면 피곤이 풀리게 됩니다. 초등학교부터 고등학교까지는 보통 45분에서 50분에 한 번씩 10분간의 휴식이 주어졌습니다. 나는 이런 조치는 매우 탁월한 시간 배정이라고 생각합니다.

사람은 같은 행동을 50분 정도 이어서 지속하면 신체에 유산乳酸이 쌓이게 됩니다. 유산이란 몸에 피곤을 느끼게 만드는 물질이기에 그 정도 타이밍에 휴식을 취하는 것은 매우 이치에 맞는 일입니다.

한 시간 정도라면 아직 피곤하지 않다고 말하는 사람이 있을지 모르지만 피로를 느낀 다음에 쉬는 것은 아무래도 회복이 늦을 수밖에 없습니다. 따라서 아직 그리 피곤하지 않을 때 선제적으로 휴식을 취하는 것이 피로를 축적하지 않는 비결입니다. 몇십 분이나 쉴 필요는 없고 10분 내외면 딱 좋습니다.

브라질 카톨릭대학 라미레스 티바나Ramires Tibana 교수는 벤치프레스로 운동을 열심히 한 뒤에 90초 간격과 3분 간격을 두고 다시 운동을 해보았습니다.

90초의 휴식을 취하고 운동을 하면 반복하는 횟수가 35.9회 가능했고, 벤치프레스를 들어 올린 중량의 합계는 1346.1킬로그램이 되었습니다. 그런데 3분의 휴식을 취하고 운동을 하면 반복하는 횟수는 46.4회였고, 들어 올린 중량의 합계는 1744.1킬로그램이었습니다.

이 연구 결과가 의미하는 내용을 잘 살펴보기 바랍니다. 대다수 기업은 2시간에서 3시간 정도 일하고 휴식시간을 제공하는 경우가 많습니다. 나는 이런 식으로 일하면 다소 길다고 생각합니다. 조금 더 자주 휴식을 취하면서 두뇌의 작동을 잠시 멈추는 것이 업무 효율을 높이기 때문입니다.

그게 아니면 직원들은 괜히 집중도 안 되는데 일하는 척할 수도 있습니다. 휴식은 정말로 쉬는 것이므로, 일하는 척하면서 쉬는 것과는 질적으로 다릅니다.

무슨 일을 하든 휴식시간 배정이 일의 성과를 내는 지름길입니다. 따라서 이 책을 읽는 사람이 경영자나 간부라면 직원들에게 무조건 일하라고 강조하지 말고 적절히 쉬면서 일하라고 말하는 게 현명합니다.

가끔 TV드라마를 보면 밤을 꼬박 새우며 일하는 사람이 나옵니다. 그는 어쩌면 하루 종일 그렇게 앉아서 업무에 집중했을지도 모릅니다. 하지만 그렇게 일해서 얼마의 업무 성과를 낼 수 있을까요? 기대 이하의 소득밖에 얻을 수 없다는 게 내 생각입니다.

8
월요병의 원인은 일요일의 지나친 휴식 때문이다

푹 쉬었던 일요일 다음 날에는 왠지 일할 의욕이 나지 않는다고 말하는 사람들이 많습니다. 바로 월요병입니다. 하지만 월요병이라는 증상이 모든 직장인들에게 반드시 있는 것은 아닙니다. 그냥 월요병인가 싶은 마음만 있을 뿐입니다.

심리학적인 눈으로 보자면, 월요병은 단순히 자기암시일 뿐입니다. 스스로 걸린 것 같다고 믿기 때문에 그런 증상이 일어나는 것뿐이지 월요병 따위는 없다고 생각하면 절대 일어나지 않습니다.

영국 리즈대학 심리학 연구팀은 월요병이 확실히 존재한다고 믿는 사람일수록 월요일에 기분이 우울해진다는 사실을 밝혀냈습니다.

"월요병? 나는 그런 거 잘 모르겠는데?"

이렇게 말하는 사람은 월요병은커녕 더 활기찬 월요일을 맞았던 것입니다. 하지만 아무리 말을 해도 월요일만 되면 몸이 처지고 일할 맛이 나지 않는다고 투덜대는 사람들이 많습니다. 왜 그럴까요?

그 이유는 간단합니다. 일요일에 너무 놀아버렸기 때문입니다. 일요일에 마음 놓고 완전히 놀아버렸기 때문에 인체 리듬을 원상태로 돌리기가 어려운 것입니다.

따라서 월요병에 발목이 잡히지 않기 위해서는 일요일에 너무 푹 쉬지 않는 게 중요합니다. 될 수 있으면 1시간이라도 좋으니 가볍게 업무 관련 도서를 읽는다든지 자료를 훑어본다든지, 아니면 느긋하게 산책이라도 하는 게 좋습니다.

20세기를 대표하는 디자이너 코코 샤넬Coco Chanel은 일요일을 싫어했다고 합니다. 왜냐하면 일을 하는 에너지가 끊어지기 쉽기 때문입니다. 샤넬에게 있어서 일하는 것은 즐거움 그 자체였고, 삶의 보람이었기에 일요일은 필요가 없었던 것입니다.

그러나 코코 샤넬처럼 일요일에 정말로 쉴 필요가 없느냐 하는 문제는 사람에 따라 답이 다릅니다. 일요일에 확실하게 쉬는 편이 에너지를 충전하여 월요일부터 다시 일을 말끔하게 해낼 수 있다면 쉬는 편이 좋을 것입니다.

　반면에 일요일에도 가볍게 일을 하는 편이 오히려 페이스를 유지할 수 있는 길이라면 그렇게 하는 편이 좋다고 봅니다. 결론은 일요일이라 해서 너무 심하게 놀아버리면 정말로 월요병의 노예가 될 수도 있으니 유의하자는 것입니다.

9

아무것도 하지 않는
혼자만의 시간을 갖자

'카타르시스 이론catharsis theory'

이라는 말이 심리학에 있습니다. 마음속에 불만이나 울분이 쌓이면 그것을 밖으로 분출시켜야 속이 시원해진다는 것입니다.

아리스토텔레스Aristoteles는 《시학詩學》에서 비극이 관객에 미치는 중요한 작용의 하나로 카타르시스를 들었습니다. 비극을 목격함으로써 마음속에 쌓여 있는 우울, 불안, 긴장감이 해소되고 마음이 정화된다는 것이 아리스토텔레스의 주장입니다.

하지만 나는 마음속에 불만을 쌓아두지 말고 밖으로 분출하면 훨씬 편해진다는 얘기는 아무래도 이론에 그치는 게 아닌가 싶

불만을 느끼면, 아무것도 하지 말고 가만히 있는다

습니다. 내 경험으로는 전혀 효과가 없다는 걸 알기 때문입니다.

아이오와 주립대학의 브래드 부쉬먼Brad Bushman 교수는 카타르시스 이론을 바탕으로 짜증이 났을 때 물건을 집어던지면 분명히 홀가분해질 거라고 믿었습니다. 그러나 실제로 실험을 해보니 전혀 그렇지가 않았습니다.

부쉬먼 교수는 누군가를 의도적으로 짜증 나게 만들기 위해 저질스런 에세이를 쓴 사람에게 타인으로부터 악담을 듣는 상황을 연출해봤습니다.

그다음에 부쉬먼 교수는 악담을 들은 사람에게 샌드백을 두드리게 해서 어느 정도 화가 가라앉았는지를 조사해봤습니다. 답은, 그들의 화는 전혀 가라앉지 않았습니다. 부쉬먼 교수는 이런 실험 결과를 바탕으로 카타르시스 이론은 현실에서는 적용될 수 없는 말장난 같은 것이라고 지적했습니다.

그렇다면 불만이나 화가 쌓였을 때는 어떻게 하면 좋을까요? 부쉬먼 교수의 처방은 쓸데없이 샌드백을 두드리거나 화를 가라 앉히려고 고래고래 소리를 지르지 말고 아무것도 하지 않고 2분 간 가만히 있는 것입니다.

아무리 화가 머리끝까지 났어도 2분 동안만 조용히 기다리면 화가 점차 사그라진다는 것입니다. 이것은 화가 났을 때는 아무 것도 하지 않는 편이 오히려 화를 진정시키는 지름길임을 말해 주는 것입니다.

하버드대학의 뇌신경과학자 질 테일러Jill Taylor 교수에 의하면 화를 일으키는 화학물질이 혈류에서 완전히 소멸될 때까지 소요되는 시간은 90초 정도라고 합니다.

90초가 지났음에도 여전히 화가 난다면, 그것은 화를 일으키는 회로를 계속 작동하도록 스스로 선택하고 있기 때문이라고 합니다. 머릿속에서 펄펄 끓어오르는 화를 못 견뎌서 계속 그 일에 매달려 있기 때문에 화를 일으키는 화학물질이 분출을 멈추지 않는 것입니다.

그러니 심한 분노가 아니라면 '까짓 거, 뭐, 어때, 괜찮아!' 하고 가볍게 받아들이는 게 올바른 방식입니다. 언제까지나 머릿속에서 분노의 꼬리를 붙잡고 있으면 절대 화가 사라지지 않는다는 얘기는 우리가 실생활에서 흔히 겪는 일입니다.

아무것도 하지 않고 혼자 멍하니 있는 시간이 오히려 스스로 화를 가라앉히고, 다른 생각으로 전환할 수 있는 계기가 되니 유달리 화가 많이 나는 사람이라면 혼자 아무것도 하지 않는 시간을 자주 가집시다.

10

마감시간을
정하라

직장에서의 업무도 그렇지만 다른 일을 처리할 때도 언제까지 끝낸다는 마감시간을 확실히 정해놓으면 더 알차게 일할 수 있습니다. 마감시간을 정하지 않으면 지지부진하게 그 일에 매달려 있을 가능성이 크기 때문입니다.

"이 일은 무슨 일이 있어도 오전 중으로 마칠 것이다!"

"이 프로젝트는 사흘 안으로 마무리 지을 것이다!"

이런 식으로 마감시간을 정하면 그것에 맞춰 끝내려는 의식이 발동됩니다. 다소 무리하더라도 의욕이 끓어오르게 되는 것입니다.

뭔가를 진행할 때는 마감시간을 정하라

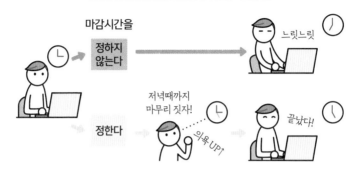

작가 요시무라 아키라吉村 昭는 책을 쓸 자료를 구하기 위해 취재 여행을 가면 항상 2박 3일로 정한다고 합니다. 책을 집필하기 위해서는 취재가 필요한데, 필요한 자료가 모아질 때까지 계속 찾는다는 식이면 무엇 하나 제대로 끝내지 못한 채 시간만 흐를 뿐이라고 합니다. 그래서 '허용된 시간은 2박 3일뿐!'이라고 정하고, 어쨌든 그 시간 동안은 미친 듯이 자료를 조사한다는 것입니다. 그렇게 서두르면서 조사하지 않으면 스스로 정한 여행이 엉망이 되기 때문입니다.

그는 2박 3일 동안 자료를 발견하지 못하면 아예 포기하는데, 이 규칙도 확실하게 정하고 지킨다고 합니다. 그 이상 조사해봐야 다른 정보가 나올 가망성이 크지 않다고 보는 것입니다.

여러분도 일을 하면서 이 같은 방법을 써서 어찌 되었든 마감

시간을 정하는 방법을 택해보기 바랍니다. 그리고 이것은 자기와의 약속이기 때문에 반드시 지킨다는 다짐도 뒤따라야 합니다.

인터넷에서의 정보 검색도 마찬가지입니다. 3분 이내에 찾지 못하면 그 정보는 버린다는 의지가 없으면, 한도 끝도 없는 정보 검색의 늪에 빠져버리게 될 것입니다.

미국 오하이오 주에 있는 볼링그린 주립대학의 하워드 로스테인 Howard Rothstein 교수에 의하면, 사람은 시간적 부담을 갖게 되면 그 시간 내에 어떻게든 끝내려고 하기 때문에 매우 효과적인 판단 방식을 찾아낸다고 합니다.

예를 들어 6초마다 다음 문제로 넘어가는 프로그램을 만들어서 기하학 같은 문제를 풀게 하면, 학생들은 자기 나름의 단순한 규칙을 만들어 서슴없이 판단해 나간다고 합니다. 이런 말을 들으면, 그보다는 시간 가는 줄 모를 정도로 묵묵히 집중하는 것이 좋지 않겠느냐고 생각하는 사람이 있을지 모릅니다. 물론 그럴 수도 있겠지만, 우리는 시간이 무제한으로 있다고 여기기 때문에 아무래도 의욕이 생기지 않는 것입니다.

시간이 아무리 얼마든지 존재한다고 해도 자기 나름의 마감 시간을 설정해서 자신을 독려하는 편이 좋습니다. 우리 모두의 인생에는 시간적 제한이 있으니 어떤 일을 하더라도 적절하게 시간을 활용하는 편이 좋을 것입니다.

3장

아무리 노력해도
의욕이 없을 때의
탈출 비법

누워 있는 습관은 의욕의 적이다 • 하루에 한 번씩 커피타임을 • 의
욕이 없을 때는 다른 일을 하라 • 의욕 없는 얼굴은 절대 금지 • 될
수 있는 한 행복한 목소리로 말하자 • 신나는 음악을 들어라 • 일을
게임이나 스포츠로 여겨라 • 자신을 도망칠 수 없는 상황으로 몰아넣
는다 • 빨간색 물건으로 몸을 치장하라 • 기분이 다운되었을 때의 응
급조치법

나에게
그런 날이 정말 올까?

C는 대학교 4학년이다. 이제 졸업을 하면 좋은 회사에 취업도 하고 당당한 사회인으로 살아가야 하는데, 그녀는 그런 날이 정말 올지 자신하지 못한다. 아무리 궁리를 해봐도 그런 그림은 좀체 그려지지 않기 때문이다.

큰 문제없이 학창생활을 이어왔지만, 그녀는 모든 면에서 스스로에게 높은 점수를 줄 수가 없었다. 그녀는 친구도 몇 명 없었다. 내성적인 성격 탓에 남들 앞에 나서는 걸 싫어했다. 남들과 경쟁하는 게 싫어서 그런 일이 생기면 꽁무니를 뺐다.

아무리 내향적인 기질이라도, 한때 가슴에 품은 꿈마저 비루하지는 않았다. 그녀는 전공을 살려 회계사가 되는 게 당면한 목표이자 꿈으로, 오래전부터 그 방면으로 진출하기 위해 부지런히 공부해오고 있다.

그렇지만……. 내가 잘 해낼 수 있을까? 이런 의문에 사로잡힐 때마다 절대로 그럴 수 없으리라는 자기 확신에 빠져서 그에 합당한 이유를 10개도 넘게 댈 수 있었다.

처음엔 아무리 자신이 소심하고 속 좁은 인간이라 해도 어른이 되어 실제로 회계사로 살아갈 때는 달라질 거라고 생각했었다. 그러나 대학 3학년 때 교수의 등에 떠밀려 회계사 준비를 하는 사람들만 모아놓은 워크숍에 참가했을 때, 그런 꿈은 몽상에 지나지 않는다는 사실을 알게 되었다.

남들 앞에 서서 자기 소신을 말하는 시간에도, 회계 업무의 전반적인 상식에 대해서도, 그리고 어느 기업의 재무제표를 놓고 토론하는 과정에서도, 그녀는 언제 어디서든 두각은커녕 입을 꽉 다문 채 머리만 푹 숙이고 있었다. 자신이 없었던 것이다.

다른 사람들이 나를 어떻게 볼까? 워크숍이 끝날 때는 이런 물음조차 떠오르지 않을 정도로 큰 상처를 받았다. 그리고 뒤이은 의욕 상실……. 그 뒤로 하루에도 몇 번씩 무기력이라는 틀 안에 자신을 구속시킨 채 살아가는 그녀에게 필요한 것은 무엇일까? 그녀는 탈진한 듯이 지친 나머지 답을 찾지 못한다.

1
누워 있는 습관은
의욕의 적이다

우리는 높은 곳에 있는 물체는 그 것만으로도 위치에너지가 높아진다는 사실을 고등학교 물리시간에 배웠습니다. 위치에너지란 물체가 어떤 특정한 위치에서 잠재적으로 가지고 있는 에너지를 말합니다.

높은 곳에 있는 물체는 중력에 의해 낙하하면서 다른 물체에 부딪히고, 그것을 움직이게 할 수 있습니다. 그렇다는 것은 그 물체가 그 정도로 위력을 가졌다는 얘기입니다.

에너지란 어떤 일을 하는 능력을 말하므로, 높은 위치에 있는 물체일수록 에너지가 크게 됩니다. 예를 들어, 얼마 전에 여덟 살

자세에 따른 의욕의 차이

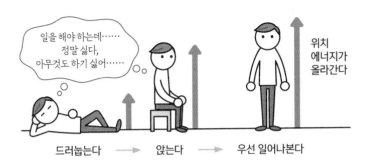

꼬마가 장난삼아 20층 아파트 꼭대기에서 아래로 아이들 주먹만 한 돌멩이 하나를 낙하시켰습니다.

마침 아래에 있던 소형 자동차로 직행한 돌멩이가 앞 유리창을 박살내고 말았습니다. 돌멩이가 지상으로 낙하하면서 가속도가 붙어 에너지가 폭발적으로 상승했기 때문입니다.

이를 조금 다른 방향에서 생각해보면, 사람이 누워 있거나 의자에 앉아 있는 것보다는 일어서 있으면 그 정도만으로도 위치에너지가 높아지기 때문에 '어디 한번 해볼까!' 하는 심리 상태가 되기 쉽습니다.

"이것도 해야 하고, 저것도 해야 하고…… 아, 너무 싫다. 아무 것도 하기 싫다……."

이런 기분일 때 우선 해야 할 일은 그 자리에서 일어서는 것입니다. 아무 목적이 없더라도 일단 일어서보십시오. 그렇게만 하면 OK입니다.

바로 여기서 인간의 신기한 특성을 알 수 있습니다. 일단 일어나기만 해도 그다음 단계로 자연스럽게 다른 동작을 취하게 된다는 사실입니다. 위치에너지가 심리적인 에너지에 영향을 미쳐 이상할 정도로 의욕이 솟아납니다.

이에 비해 이불 속에 들어가 있거나 소파에 누워 널브러져 있으면 기분마저 푹 가라앉게 되어 아무것도 할 마음이 생기지 않습니다. 이런 때 화장실에 가기 위해서라도 어쩔 수 없이 일어나면, 오는 길에 싱크대에 쌓인 접시들이 보여서 닦기 시작하거나 목욕이라도 하려고 물을 받아놓는 등 어떤 일이라도 하게 됩니다.

미국 미주리대학의 앨런 블루돈Allen Bluedorn 교수는 학생들에게 '달 표면에서 우주선이 고장 났을 때 살아남기 위해 필요한 도구의 우선순위를 생각해보라'는 과제를 냈습니다.

그 결과 서 있는 채로 생각하게 한 그룹에서는 589초 만에 최종적인 결정을 끌어낼 수 있었던 데 반해서 앉은 채로 생각하게 한 그룹에서는 788초가 걸리는 것을 알게 되었습니다.

서 있는 채로 생각한 그룹이 앉은 채로 생각한 그룹보다 작업

시간이 단축된 것은 그만큼 일어서 있는 자세가 사람의 활동성을 높이는 기본자세라는 사실을 알 수 있는 대목입니다.

평소에 버릇처럼 누워 있기를 좋아하는 사람이라면 일단 일어서기를 바랍니다. 그러면서 뭔가 할 일을 찾아보고, 그것을 실행해보십시오. 의욕이란 그렇게 사소한 동작 하나에도 불쑥 솟아날 수 있음을 알게 될 것입니다.

그래서인지 의욕적으로 자기 일을 하는 데 집중하는 사람은 대부분 불면증 환자라도 된 듯이 밤이 되어도 눈을 붙이지 못하고 뭔가를 하고 있다는 걸 알 수 있습니다. 일단 이불 밖으로 나와야 하고, 소파에서 일어나야 합니다.

2
하루에 한 번씩
커피타임을

인간은 로봇이 아니기에 같은 일을 몇 시간이나 연속해서 진행하면 정신적으로나 육체적으로 피로한 상태에 빠지게 됩니다. 이런 때는 더 이상 힘을 낸다 한들 능률이 오르지 않으니 일단 일을 내려놓고 제대로 휴식을 취하는 게 좋습니다.

이렇게 짧은 휴식을 취할 때 추천하고 싶은 것이 커피입니다. 커피에 포함된 카페인 성분은 대뇌피질을 흥분시키는 기능을 하기 때문에 짧은 시간 안에 의욕이 부활되어 나머지 일을 순조롭게 해낼 수 있습니다.

커피타임

프랑스 작가 몰리에르Molière나 발자크Honoré de Balzac는 커피 애호가로 유명한데, 카페인 성분 덕분에 정열적으로 작업할 수 있다고 고백하기도 했습니다.

작가들뿐만 아니라 오랜 시간 작업에 몰두해야 하는 연구인이나 예술가들도 일하는 동안에 습관처럼 커피를 마시는 광경을 흔히 봅니다. 그만큼 커피가 정서적 안정에 도움을 주고 피로회복에도 기여하기 때문일 것입니다.

미국 월터리드 육군연구소의 심리학자 윌리엄 킬고어William Killgore 박사는 병사들에게 77시간 동안 모니터를 감시하는 매우 고된 실험을 진행한 적이 있습니다. 사흘 가까이 모니터를 계속해서 들여다보는 일은 젊은 병사들에게도 정말로 힘든 과제인데, 이때 한 그룹에게는 매일 밤 2시간마다 200밀리그램, 합계 800밀리그램의 카페인이 함유된 껌을 씹게 했습니다.

그 결과, 작업의 행동 능력도가 별로 하락하지 않았음을 알 수 있었습니다. 반면에 보통의 껌을 씹으며 작업한 그룹에서는 3일째가 되자 작업과정에서 실수가 연발했습니다. 집중도가 떨어져 행동이 산만해졌고, 심지어 조는 사람도 있었습니다.

카페인 성분은 대뇌피질의 작용에 큰 효능이 있습니다. 예를 들어 몇 가지 연구로 얻어낸 결과를 보면 다음과 같은 사실을 알 수가 있습니다.

- 사고의 흐름이 빨라진다.
- 연상 능력이 풍부해져서 지적 노동의 능률도가 높아진다.
- 감각자극에 대한 반응시간이 단축된다.
- 집중력이 높아진다.

이에 덧붙여서 어느 정도의 카페인을 섭취하면 좋으냐 하면, 연구에 따라 다소 차이가 있지만 대략 100밀리그램에서 200밀리그램이면 충분하다고 합니다. 커피 1~2잔에 해당하는 분량입니다. 어떤 사람은 하루에도 여러 잔을 닥치는 대로 마시는데, 그럴 필요는 없다는 얘기입니다.

그리고 섭씨 65도 이상이 아니면 카페인이 제대로 녹아들지 않으니 커피를 마신다면 될 수 있는 한 뜨거운 커피 쪽이 좋다는 게 전문가들의 의견입니다.

3

의욕이 없을 때는
다른 일을 하라

"아, 이런 일은 정말 하기 싫다."

"이것만은 정말 못하겠는데!"

이런 경우가 누구에게나 있기 마련입니다. 그런 생각이 들 때는 지금 하는 일을 잠시 멈추고 뭔가 다른 일을 하는 게 좋습니다. 일에 대한 집중력은 잠시 흐트러질 수 있지만 하기 싫어서 느끼는 고통은 없으니 괜찮습니다.

프로 스포츠 선수들도 조깅이나 헬스 같은 기초적인 훈련은 싫은 법입니다. 유명선수들도 일반인들과 마찬가지로 집중력이 흐트러져서 만사가 귀찮은 적이 있다고 고백하곤 합니다.

그런데 대부분의 선수들이 그런 상태에서는 무리한 연습보다

디스트럭션destruction법

귀찮은 일을 할 때 = 다른 것을 생각해본다

는 생각의 방향을 바꿔서 다른 곳에 눈길을 돌리면 잠시 후 다시 운동에 몰입할 마음이 생긴다고 합니다.

심리학에서는 이 방법을 '디스트럭션법'이라고 부릅니다. 디스트럭션이라는 말은 '파괴'라는 뜻이지만, 심리학에서는 '주의력의 확산'이라는 뜻으로 사용합니다. 머릿속으로 다른 생각을 하고 있으면 눈앞의 고통으로부터 정신적으로나 육체적으로 잠시 도망칠 수 있다는 논리입니다.

이런 원리를 실험해보기 위해 미국 다트머스대학의 델리아 치오피Delia Cioffi 교수는 71명의 대학생들에게 차가운 얼음물이 들어간 양동이에 손을 담근 후 견딜 수 있을 때까지 견뎌보라고 해보았습니다.

그런데 이때의 얼음은 조금 차가운 정도가 아니라 손에 아픔

이 느껴질 정도였습니다. 이 실험을 하면서 치오피 교수는 한 그룹에게는 디스트럭션을 요구했습니다.

양동이에 손을 담고 있는 동안 자신의 방을 떠올려보라고 한 것입니다. 어떤 색깔의 커튼이 걸려 있는지, 책상 위에는 무엇이 놓여 있는지, 침대 시트의 색깔과 모양은 어떤지를 떠올리게 했습니다.

120초가 경과했을 때, 그 그룹에게 손에 통증이 느껴지냐고 묻자 고개를 흔드는 학생들이 많은 반면, 그런 지시를 내리지 않은 다른 그룹에게는 가급적 손의 통증을 느끼지 않도록 시도해보라고 했음에도 통증을 엄청나게 느꼈습니다.

이 실험에서도 알 수 있듯이 피하고 싶은 고통을 느끼게 되었을 때는 정신을 다른 곳에 두는 연습을 해봅시다. 사실 명상이나 요가 같은 수련도 넓은 의미에서는 디스트럭션이라고 볼 수 있습니다.

도저히 하고 싶지 않은 일을 해야 할 때나 아무리 노력해도 의욕이 솟아나지 않을 때는 적어도 생각만이라도 다른 것을 떠올리는 행위를 참고해보기 바랍니다.

4
의욕 없는 얼굴은
절대 금지

사람의 감정은 자기가 짓고 있는 표정에 영향을 받습니다. 즐거운 일이 전혀 없더라도 방긋방긋 웃고 있으면 이상하게도 마음도 긍정적이 되고, 미간에 주름을 지어 기분 나쁜 얼굴을 하고 있으면 정말로 기분이 나빠집니다.

이것을 '페이셜 피드백 효과facial feedback effect'라고 합니다. 사람의 뇌는 그가 하고 있는 표정으로부터 피드백을 받아서 '지금 웃는 얼굴이니까 즐거운 모양이군!' 하고 착각을 하면서 도파민dopamine 같은 쾌락을 조절하는 신경전달물질을 분비하기 시작합니다.

의욕이 없을 때일수록 웃는다

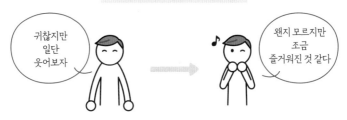

반면에 힘들거나 의욕이 없어서 잔뜩 찌푸린 얼굴을 하고 있으면 어떻게 될까요? 그러면 뇌는 의욕 상실을 부채질하는 유산과 같은 물질을 분비하기 시작합니다. 그래서 의욕이 없으면 밥맛까지 잃고 몸까지 한층 더 피곤해지는 것입니다.

따라서 감당하기 힘든 일을 만났을 때는 더 이상 환한 웃음이 없다고 할 만큼 만면의 미소를 짓는 게 정답입니다. 억지웃음이라도 상관없습니다. 거짓으로라도 웃는 얼굴을 만들면 페이셜 피드백 효과가 일어나니 괜찮습니다.

미국 일리노이대학의 마야 타미르Maya Tamir 교수는 재미있는 일도 하나 없고 기분에 먹구름이 끼었을 때 1분간 웃는 얼굴을 지어보도록 하는 실험을 한 적이 있습니다. 그랬더니 왠지 긍정적인 기분이 생겨난다고 말하는 사람이 대부분이었습니다.

또한 타미르 교수는 양쪽 눈썹에 힘을 주고 오만상을 찌푸리도록 하는 실험도 했는데, 그렇게 하면 자신도 모르게 화가 나기 시작한다는 사실도 밝혀냈습니다. 그만큼 표정과 감정 사이에는 밀접한 연결고리가 존재한다는 반증입니다.

페이셜 피드백 효과는 정말 강력한 작용을 일으킨다고 할 수 있습니다. 우선은 자신의 뇌를 속이기 위해서라도 활짝 웃는 표정을 지어보십시오. '싫다, 싫어!' 하는 기분이 들더라도 어차피 피할 수 없는 일이라면 즐겁게 받아들이는 게 나을 것입니다.

마크 트웨인Mark Twain의 세계적인 소설《톰 소여의 모험The Adventures of Tom Sawyer》에는 '신나는 페인트칠'이라는 이야기가 나옵니다. 폴리 이모한테서 벽에 페인트칠을 하라는 벌을 받게 된 톰 소여가 콧노래를 불러가며 페인트칠을 하고 있자 친구들이 우르르 달려와 그렇게 재미있는 일이면 자기들이 해주겠다고 달려들었다는 이야기입니다.

아무리 싫은 일이라도 어차피 해야 한다면 얼굴을 찌푸리지 말고 즐겁게라도 하는 게 좋습니다. 그러는 편이 자신도 즐거울 수 있고, 그 모습에 다른 사람들이 도와줄 수도 있을지 모릅니다.

5

될 수 있는 한
행복한 목소리로 말하자

우리들의 감정은 자신의 표정에 따라 영향을 받는다고 했는데, 마찬가지로 목소리에도 영향을 받습니다. 화가 난 듯한 목소리를 내면 역시 마음도 점점 짜증이 나기 때문에 가급적이면 밝고 부드러운 목소리를 내려고 노력할 필요가 있습니다.

네덜란드 암스테르담대학의 스카일러 호크Skyler Hawk 박사는 행복할 때, 슬플 때, 화가 나 있을 때, 기분 나쁠 때의 목소리를 수집해서 비교한 결과, 각각의 목소리에 따라 표정도 변한다는 것을 실험으로 밝혀냈습니다.

화난 목소리를 내면 자연스럽게 표정도 험악해지고, 행복한 목소리를 내면 부드러운 표정이 되는 경우가 많았던 것입니다. 이로써 알 수 있는 사실은 우리 인체에서 목소리와 표정은 연동되고 있다는 사실입니다.

그렇다는 것은 부드러운 목소리나 밝고 쾌활한 목소리를 내려고 마음을 먹으면 그에 따라 행복한 표정이 되고, 그런 표정이 되면 페이셜 피드백 효과에 따라 행복한 기분이 될 수가 있는 것입니다.

따라서 하기 싫은 일이나 감당하기 어려운 일을 하게 되었을 때는 '아, 나는 왜 이리 행복하지?', '나는 할 일이 있고, 돈까지 받으니 행복하다'며 일부러 소리 내어 말하도록 합시다.

거짓이라도 상관없고, 과장이라도 괜찮습니다. 그런 말들을 입 밖으로 계속 꺼내면 정말로 행복한 기분이 생기기 때문입니다. 몇 마디 말로 의욕을 되살릴 수 있고, 돈도 들어가는 일이 아니니 꼭 실행하시기 바랍니다.

의욕을 갉아먹는 성가신 일은 일상에서 넘쳐납니다. 사람을 만나는 게 귀찮다, 출근하는 것도 귀찮다, 이를 닦는 것도 귀찮다, 목욕도 귀찮다 등 의욕 상실의 여파로 인한 부작용은 지천으로 널려 있습니다.

바로 이럴 때 '즐겁다! 즐겁다!'를 입 밖으로 자꾸 꺼내면 정말로 즐거워지게 됩니다. 이것은 '싫다'거나 '귀찮다'고 불평불만을 터뜨리면 정말로 그런 기분이 되는 것과 맥락을 같이합니다.

어느 대기업의 회장님은 무엇을 먹든 '맛있다!'고 말하면서 먹는다고 합니다. 음식물을 입에 넣는 순간, 아직은 맛을 느낄 수도 없는데 벌써 맛있다고 말한다는 것입니다.

이것은 심리학적으로 봐도 매우 유효한 방법입니다. 맛있다고 말해버리면 실제로 맛있다고 느낄 수 있기 때문입니다. 그러니 의욕을 잃었을 때는 '즐겁다!'고 소리쳐보십시오. 한두 번이 아니라 여러 번 거듭해서 그렇게 말하면, 땅에 떨어졌던 의욕을 순식간에 일으켜 세우게 될 것입니다.

6

신나는 음악을
들어라

단순히 몸만 움직인다든지 묵묵
히 앞으로만 나간다면 이내 힘들어져버립니다.

하지만 리드미컬한 음악에 맞춰서 춤을 추거나 행진을 하면
움직임이 활달해지고 그만큼 몸과 마음이 평온해집니다. 왈츠나
행진곡 같은 음악은 원래 무도회나 행진을 위해 만들어진 곡입
니다. 이것을 심리학에서는 '스며듦 현상'이라고 부릅니다.

도쿄대학의 쿠도 카즈토시工藤 和俊 교수에 의하면, 골프의 스
윙이나 테니스의 서브도 타이밍을 알려주는 소리에 맞춰 동작을
하면 안정적으로 공을 칠 수 있음을 느낀다고 합니다.

이것은 흥이 나지 않아서 아무것도 하고 싶지 않을 때는 음악의 힘을 빌려도 좋다는 반증입니다. 신나는 음악을 틀어놓고 일을 하는 것입니다. 주위에 피해가 가지 않을 정도의 음량으로 듣든가 이어폰을 사용해도 무방합니다.

아무리 고통스러운 경우라도 음악이 있으면 우리는 그렇게 큰 고통을 느끼지 않게 됩니다. 음악을 들으면 즐거운 기분이 되는데, 즐거운 기분과 고통은 양립하지 않기 때문입니다. 즉, 즐거운 기분이 고통을 퇴치하는 역할을 해주는 것입니다.

한 실험에서는 인도어 사이클링실내에서 행하는 모든 자전거 활동을 하고 음악을 틀어주면서 운동을 시키자 음악이 없을 때보다 피곤이 덜 쌓이는 것을 넘어서 타는 동안의 즐거움이 커져갔다고 합니다.

그저 묵묵히 자전거의 페달을 밟는 것만으로는 고통 이외에 아무것도 없는 것 같지만 경쾌한 음악이 들리면 고통은커녕 즐겁다고 느낄 수도 있는 것입니다. 그러니 기분이 상승할 수 있는 곡을 틀어서 작업을 해보기 바랍니다.

이렇게 말하면 '음악 장르는 어떤 것을 고르면 좋을까요?' 하고 묻는 사람들이 있습니다. 기본적으로는 자신이 좋아하는 장르면 다 좋다고 생각합니다. 물론 신나는 곡이 좋지만 자신이 좋아하는 곡을 골라도 문제가 될 일은 없습니다.

발걸음도 마찬가지입니다. 보폭을 넓게 하고, 고개를 똑바로 들고, 양팔을 힘차게 휘두르며 걸으면 기분도 상승합니다. 맥없이 휘적거리며 걷는 사람은 남들이 보기에도 나쁘지만 그 자신에게도 영향을 끼쳐 마음이 졸아들게 됩니다.

남들의 눈에도 활발하게 뚜벅뚜벅 걷는 사람을 보면 믿음직한 느낌이 들어 왠지 호감이 갑니다. 이런 모습을 갖도록 평소에 열심히 연습하고 매일 자기점검을 통해 유지하기를 바랍니다.

7

일을 게임이나 스포츠로
여겨라

일이 너무 재미없다고 투덜대는 사람들이 많습니다. 재미없는 일을 억지로 하려니 의욕이 생길 리 없고, 밥맛에 살맛까지 모조리 잃어버린 채 우울한 나날을 보내야 합니다.

일을 하면 대가가 나오고, 그것으로 생활을 꾸려갈 수 있는데 왜 재미가 없을까요? 이유는 간단합니다. 일을 일이라고만 생각하기 때문입니다.

매일 똑같은 업무가 반복되기 때문에 재미없는 것입니다. 그렇다면 일을 일이라고 생각하지 않으면 되지 않을까요? 구체적으로 말하자면 일이 아니라 게임이나 스포츠라고 생각하라는 뜻입니다.

노력하면 노력하는 것만큼 고득점을 올릴 수 있는 게임이라고 생각하면 아무리 재미를 못 느끼는 일이라도 흥미진진하게 느껴질 수 있습니다.

작가이자 컨설턴트인 베티 해러건Betty Harragan의《비즈니스 게임론Games Mother Never Taught You》이라는 책이 있는데, 무슨 일이든 게임이라고 생각하면 업무 효과가 배가된다는 내용이 나옵니다.

일정한 규칙을 정한 뒤에 그 규칙대로 일을 수행하며 득점이 올라가는 게임이라고 생각하면 경쟁심도 생기고 재미도 느껴 지루할 틈을 느끼지 않는다는 것입니다. 게임이라고 생각하는 것이 조금 불성실해 보여서 심적인 저항이 생긴다면 스포츠라고 여겨도 좋을 것입니다.

네덜란드의 명문기업이자 세계 유수의 종합 전기 메이커인 로얄 필립스의 창립자 안톤 필립스Anton Philips는 평생을 일은 일종의 스포츠라는 신념으로 일했다고 합니다.

안톤에게 있어서 일은 연속해서 찾아오는 역경을 격파하고 이겨내는 스포츠로, 그렇게 생각하면 일을 하는 것만으로 경쾌한 만족감을 얻을 수 있다고 말했습니다.

그는 일을 하다가 어떤 난제가 생기면, 그것을 하나의 도전 같은 것이라고 생각했습니다. 도전이기에 어려운 문제일수록 오히려 그를 끓어오르게 했습니다.

예를 들어 창업한 지 얼마 되지 않을 때 어느 회사가 거래를 거절한 적이 있었습니다. 안톤은 어떻게든 면담을 할 수 있도록 요청했지만 상대는 일부러 찾아오기 힘들게 하려고 월요일 새벽 5시로 지정했습니다.

하지만 안톤은 전날부터 그 회사 근처의 호텔에서 머문 뒤에, 약속시간에 도착해서 거래정지를 막을 수 있었습니다. 그의 성실하고 솔직한 모습이 상대의 마음을 연 것입니다.

8

자신을 도망칠 수 없는
상황으로 몰아넣는다

어떤 일이든 생각의 변화 하나로 상황을 바꿀 수 있습니다. 가령 어려운 처지에 몰리게 되면 자신을 절대로 도망칠 수 없는 상황으로 몰아넣는 것도 하나의 방법입니다. 결코 하고 싶지 않은 일을 할 때 내 자신을 극한의 상황에 묶어버리는 것입니다.

더 이상 무조건 어떤 일이 있어도 하지 않으면 안 된다는 상황으로 만들어버리면 무슨 일이든 할 수밖에 없을 것입니다. 이 방식을 심리학에서는 '사전 조치 전략precommitment strategy'이라고 합니다.

하고 싶지 않다는 자신의 욕구에 무작정 의지만으로 대처하는 것은 무리입니다. 그래서 할 수밖에 없는 상황을 만들어 어떻게든 할 수밖에 없도록 하는 것입니다.

호메로스Homeros의 《오디세이The Odyssey》에는 세이렌이라는 바다의 악마가 등장합니다. 그녀는 아름다운 노랫소리로 뱃사람들을 유인해서 배를 침몰시켜버립니다. 세이렌에 대항하기 위해 오디세우스는 자신의 몸을 배의 돛대에 단단히 묶습니다. 그렇게 하면 아무리 노랫소리가 들린다고 해도 마음대로 움직일 수 없기 때문입니다.

그저 그런 그리스 신화 속의 이야기일 뿐이라고 생각할지 모르겠지만, 현실에서도 오디세우스 같은 행동을 한 사람이 많습니다. 미국 작가 허먼 멜빌Herman Melville이 대표적입니다.

멜빌은 《모비딕Moby Dick》을 집필할 때 아내에게 부탁하여 쇠사슬로 자신의 몸을 책상에 꽁꽁 묶었다고 합니다. 그렇게 하지 않으면 집필을 하다가 이제 그만 쉬고 싶다고 생각하기가 쉬워지기 때문입니다.

《레 미제라블Les Misérables》로 유명한 프랑스의 대문호 빅토르 위고Victor Hugo는 가족들에게 자신의 양복을 숨겨놓으라고 하면서 미리 정해둔 시간이 될 때까지 절대로 주지 말라고 말했습니다. 그 역시 자신을 극한의 상황에 몰아넣고 주어진 일을 끝내겠다는 결의를 다졌던 것입니다.

사전 조치 전략

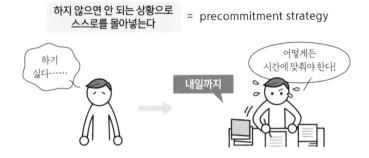

따지고 보면 우리가 업무를 진행하면서 계약서를 교환하는 것도 사전 조치 전략입니다. 언제까지 상품을 납품한다는 약속을 문서로 만들면 그것을 지킬 수밖에 없으니 필사적으로 해낼 수밖에 없습니다.

따라서 의욕이 생기지 않는 사람은 어찌 되었든 자기만의 기한을 만들어버리는 것이 좋은 아이디어입니다. 기한을 정해버리면 사람은 그로 인한 동기부여가 엄청나게 높아집니다.

스위스 취리히대학 심리학연구소의 코넬리우스 코닝 Cornelius König 박사는 이를 '데드라인 러쉬 deadline rush'라고 명명했습니다. 기한을 설정하면 마감시간이 다가올수록 자신을 재촉하는 힘이 강해져서 목표 달성을 위한 에너지가 끓어오른다는 것입니다.

이러한 논리는 심리학적으로 대단히 타당한 업무 수행법으로, 일을 게임이나 스포츠로 생각하면서 마지막 순간까지 의욕의 끈을 놓지 말기 바랍니다.

9

빨간색 물건으로
몸을 치장하라

당장 공격으로 이어질 만한 전투 자세를 취하면 아드레날린이 분비되지만, 사람이 항상 공격적인 자세를 취할 수는 없는 법이니 다른 방법으로 아드레날린을 분비할 수 있는 방법을 찾아봐야 합니다.

그 하나가 빨간색으로 몸을 치장하는 것입니다. 빨간색 물품을 몸에 장착하고 있으면 역시 아드레날린이 분비되기 때문입니다. 공격성과 연관이 있는 '빨간 피'를 연상시킴으로써 뇌를 현혹한다고 할까요? 아무튼 빨간색은 공격적인 성향을 불러일으키는 작용을 한다고 알려져 있습니다.

프로골퍼 타이거 우즈Tiger Woods가 챔피언을 결정짓는 마지막 라운드에는 반드시 빨간 셔츠를 입는다는 사실은 유명합니다. 심리학자들은 이렇게 빨간색으로 치장을 하면 교감신경의 움직임이 활성화된다고 말합니다.

부신副腎에서 아드레날린이 분비되어 몸이 흥분상태가 되면 심박수와 혈압이 올라가기 때문에 매우 열정적인 상태가 됩니다. 타이거 우즈는 이러한 상태를 공격적인 성향으로 바꾸어 누구도 넘볼 수 없는 실력을 보였던 것입니다.

빨간색은 사람을 긴장시킵니다. 신호기나 소방차의 빨간색은 위험하다는 사실을 단번에 알려주기 위해 선택된 것입니다. 그런 의미에서 빨간색은 해이해져서 아무것도 하고 싶지 않은 기분을 날려버리는 효과가 있다고 볼 수 있습니다.

미국 로체스터대학의 앤드류 엘리엇Andrew Elliot 교수에 의하면, 여성은 빨간색 물건으로 치장한 남성을 좋아한다고 합니다. 여성은 지위가 높은 남성을 좋아하는 경향이 강한데, 빨간색이 바로 높은 지위를 연상시키기 때문입니다.

그렇다고 전신을 전부 빨간색으로 치장하는 것은 지나친 행동이니 넥타이만 빨간색으로 하든지 셔츠를 빨간색 계통으로 입어도 좋을 것입니다.

어떤 사람은 토마토 같은 빨간색 과일을 주로 먹고, 파스타도 토마토소스가 들어간 것으로, 생선회라면 붉은 살 생선으로 먹는다고 합니다. 그렇게 눈으로 보고, 식사를 통해 체내로 섭취까지 하면 아드레날린이 더 많이 나오게 되어 활동적인 성향으로 바뀐다는 걸 알기 때문입니다.

10

기분이 다운되었을 때의
응급조치법

"중요한 거래처와 상담을 앞두고 있는데, 아무리 애를 써도 의욕이 나지 않는다."

"무슨 일이 있어도 오늘 안에 끝내지 않으면 안 되는데, 엄두가 나지 않는다."

우리는 1년에 몇 번은 이렇게 의욕이 땅에 떨어져 정신을 차리지 못할 때가 있습니다. 하지만 그런다고 누가 대신 해줄 수 있는 것도 아니기에 어떻게든 의욕을 일으켜 세워야 합니다. 어떻게 하면 좋을까요?

심리학이 가르쳐주는 숨은 비법이 있습니다. 그것은 이를 악

의욕이 나지 않을 때의 숨은 비법

물고 주먹을 꽉 쥐는 것입니다. 이런 자세는 인간이 본능적으로 가지고 있는 공격적인 자세입니다. 한번 해보겠다는 전투 의욕이 온몸에 퍼지는 것입니다.

사실 의욕이란 사람의 공격적인 성향과도 깊은 관련이 있습니다. 이를 약간 벌리고 주먹을 쥐지 않고 손을 내려뜨린 채로 있으면 전투력이 솟아나지 않지만 눈을 부릅뜨고 주먹을 불끈 쥐기만 해도 결의가 마음에 전달이 됩니다.

군인들은 차렷 자세를 취할 때 주먹을 불끈 쥐고 눈을 약간 치켜뜬 채로 정면을 응시합니다. 그렇게 함으로써 언제든 싸울 수 있다는 모습을 보여주는 것입니다. 만약 군인이 몸에 힘이 들어가지 않고 흐물흐물한 태도로 서 있다면 누구도 그를 두려워하지 않을 것입니다.

한때 세계무대를 석권했던 몽골의 칭기즈칸 군대는 전쟁터에 나가면 병사들끼리 불끈 쥔 주먹으로 자신의 가슴팍을 탕탕 두드리며 인사했다고 합니다. 그들이 그렇게 전의를 불태우는 모습을 보여준 것은 단 한 순간도 의욕의 불씨를 꺼트리지 않기 위해서였을 것입니다.

중고등학교에 다닐 때 운동시합을 앞두고 선수들에게 주먹을 꽉 쥐고 상하로 흔들면서 응원가를 불렀던 기억이 누구에게나 있을 것입니다. 그런 응원을 받는다면 어떤 선수라도 더 힘을 내어 뛰게 될 것입니다.

시험을 보러 가는 아이에게 엄마가 주먹을 불끈 쥐어 보이는 모습도 그렇고, 회사에서 직원들끼리 주먹을 흔들며 다짐의 구호를 외치는 것도 마찬가지입니다. 우리는 이렇게 굳이 심리학을 배우지 않았어도 일상 속에서 자주 심리 테크닉을 활용하며 살고 있습니다.

인간의 뇌는 표정이나 말투에 곧잘 속아 넘어간다는 말을 앞에서 했습니다. 자세도 마찬가지입니다. 공격적인 자세를 취하면, 우리들의 뇌는 공격적인 준비를 취하지 않으면 안 되겠다고 판단하고 황급히 아드레날린을 내보내게 됩니다.

아드레날린은 공격을 취할 때 작동하는 호르몬인데 이것이 곧 의욕과 관계가 있습니다. 공격적인 동작을 취하면 의욕 또한 생긴다는 사실을 현장에서 꼭 활용해보기 바랍니다.

포르투갈 리스본대학 토마스 슈베르트Thomas Schubert 교수는 학생들에게 어떤 작업을 수행하면서 동시에 다른 작업도 진행할 수 있는지를 알아보고 싶다고 말한 뒤에, 자주 쓰는 손이 아닌 반대편의 손으로 가위바위보의 바위를 만들면서 자기 평가를 위한 테스트를 받게 했습니다.

실험 결과 주먹을 내미는 학생들이 더 열정적으로 게임에 임하는 반면에 가위나 보를 내는 학생들은 어딘지 모르게 성의가 없는 표정으로 수업에 참여했습니다.

사실은 이 실험은 의도적으로 주먹을 만들 때 자기 평가가 어떻게 변하는지를 조사하는 것이었습니다. 실험에 참여한 학생들은 주먹을 쥔 참여자들이 더 자신감 있게 적극적으로 게임에 임한다는 사실을 알아냈습니다.

왠지 의욕이 안 생겨서 미치겠다고 말하는 직장인들이 많습니다. 그럴 때는 이를 악물고 있는 힘껏 주먹을 쥐어보기 바랍니다. 그렇게 하면 마음속으로 적극적인 의욕이 끓어오르는 걸 느끼게 될 것입니다.

4장

행동력 있는
사람으로 거듭나는
심리 전략

일처리가 빠른 사람과 함께 일하라 • 당신의 롤모델은 누구인가? • 지
나치게 완벽을 추구하지 마라 • 무거운 가방을 들고 다니지 마라 • 허
황된 기대가 나쁜 것만은 아니다 • 왜곡된 이상을 품지 마라 • 심리
적인 거리를 줄이면 그만큼 가까워진다 • 행동하지 않는 자신에게
벌칙을 줘라 • 자기 자신을 궁지에 몰아넣어라 • 일단 시작하라

사랑을 잃고,
길을 잃었다

다른 친구들이 오래 사귀던 사람과 헤어지면서 울고불고 난리치는 걸 볼 때마다 그녀는 고개를 갸우뚱했었다. 그렇게까지 인생 다 끝난 것처럼 행동하는 건 지나친 오버라고 생각했기 때문이다.

얼마 전, 그녀는 3년 가까이 사귀었던 남자와 헤어졌다. 남자가 먼저 일을 핑계로 이별을 통보하면서 각자가 제 갈길을 가자고 했을 때, 그녀는 정말이지 손톱만큼도 미련이 없다며 쿨하게 돌아섰다.

3년 가까운 시간 동안 서로가 죽고 못 사는 관계라고 생각해왔지만, 그것은 어쩌면 그녀만의 믿음이었는지 모른다. 그녀는 자존심 때문에라도 눈물 한 방울 흘리지 않고 당당하게 보내주었다.

그런데 그게 아니었다. 그와 헤어지고 돌아오는 길에 혼자 카페에 들러 차 한 잔을 마시고 있는데, 갑자기 눈물이 주르륵 흘러내렸다. 이게 뭐지? 처음엔 동의할 수 없었지만 얼마 안 가서 그 이유를 알 수 있었다. 그가 남긴 사랑의

잔해들이 일상의 곳곳에 널려 있다는 걸 말이다.

　그와 함께했던 추억들이 눈물로 변해서 거침없이 쏟아
지는 날이 많아졌다. 속수무책으로 그를 그리워하는 자신
을 책망하는 날도 많아졌다. 그러다 그에게 예전부터 그녀
말고 다른 여자가 있었다는 얘기를 들었고, 얼마 안 가서
그 여자와 결혼한다는 소식을 들었다.

　그녀는 하마터면 털썩 주저앉을 뻔했다. 그리고 그때부
터였을 것이다. 그녀 자신은 사랑이라고 믿었는데, 그놈한
테는 장난이었음을. 배신을 당했다는 말조차 꺼내지 못하
고, 그녀는 정말로 털썩 주저앉고 말았다.

　그때부터 그녀는 살아갈 힘을 잃은 사람처럼 무기력한
나날을 보내게 되었다. 수렁에 빠진 것처럼 어두운 터널에
갇혀 지내는 것, 그것이 일상이 되어버렸다. 사랑을 잃고,
길마저 잃어버린 그녀에게 필요한 것은 무엇일까?

1

일처리가 빠른 사람과
함께 일하라

우리는 자기도 모르게 함께 일하는 사람들의 영향을 받게 됩니다. 직원들 모두가 치열함이라곤 하나도 없이 느긋하게 일하는 직장 분위기라면 나 혼자만이라도 힘을 내려고 해도 좀처럼 그렇게 되지가 않습니다.

심리학에서는 이를 '감염 효과'라 부릅니다. 게으름 바이러스에 감염이 된 듯이 나 또한 게을러지게 되는 것입니다. 그러니 될 수 있는 한 열정적으로 일하는 사람들과 함께 일하도록 합시다. 그런 사람들과 점심식사도 같이하고, 옆에서 일하는 모습도 지켜보도록 합시다. 그러면 자기도 모르는 사이에 그 사람처럼 자신의 일에 열정적인 사람이 될 수 있습니다.

마이애미대학의 제임스 코인James Coyne 교수는 45명의 여대
생들에게 병원에서 일면식도 없는 우울증 환자들과 30분 동안
대화를 나누는 일을 시켜보았습니다.

30분이 경과한 후 여대생들의 감정 상태를 측정해보니 우울
한 기분이 깊어졌음을 알 수 있었습니다. 상대방의 우울한 감정
이 리트머스 시험지처럼 스며들었던 것입니다.

여기서도 보듯이 의욕을 상실한 사람과 함께하는 것은 나의
의욕까지 가차 없이 갉아먹는다고 할 수 있습니다. 그런 사람과
는 최대한 거리를 두고, 동기부여가 높은 사람이나 긍정적인 사
람과 가깝게 지내는 것이 인생을 풍부하게 하는 포인트입니다.

공부를 좋아하지 않는 학생이라도 일류 실력자들이 모인 학
교에 들어가면 주위 친구들로부터 영향을 받기 때문에 자기도
모르게 공부를 하게 된다는 연구 결과도 있습니다.

반대로 중학교까지는 성적이 우수했는데 레벨이 낮은 고등학
교에 입학하면 갑자기 공부를 하지 않게 되는 일도 있습니다. 이
런 모습 또한 주위 친구들이 공부와 담을 쌓고 지내는 모습에 영
향을 받은 것입니다.

100미터 달리기 시합을 할 때 빠른 선수와 같이 달리면 시간
을 줄이는 경우가 있습니다. 국내에서는 그리 실력이 높지 않은

축구선수였는데, 브라질로 건너가 기술을 배우고 오면 전보다 훨씬 나은 실력을 보이는 경우도 마찬가지입니다.

이런 모습들은 우리는 나보다 나은 사람, 훨씬 일을 잘하는 사람과 함께 지내야 한다는 방증입니다. 주변을 한번 돌아보십시오. 성질은 좀 깐깐해도 배울 것이 많은 선배와 마음이 넉넉해서 좋은데 실력은 조금 떨어지는 사람 중에 누구를 선택하겠습니까?

실력이 높은 사람과 어울리며 그가 행동하는 대로 따라 하다 보면 얼마 뒤에 '이런 모습이 정말로 나였던가?' 하고 놀랄 정도로 엄청난 변화를 목격할 수 있게 될 것입니다.

2

당신의 롤모델은
누구인가?

어느 분야에서 일하든 롤모델로 삼는 사람이 있다면, 그 사람의 행동을 흉내 내면 좋습니다. 가령 야구선수가 야구배트 휘두르기를 매일 500번씩 하자고 결심했어도 좀처럼 해낼 수 있는 일이 아닙니다. 단순히 휘두르기를 반복하려고만 하기 때문입니다.

어차피 한다면 정말로 좋아하는 선배 선수를 머릿속으로 떠올리면서 그의 흉내를 내며 휘두르기를 하면 어떻겠습니까? 그러면 500번 이상도 즐거운 기분으로 휘두를 수 있을 것입니다.

심리학적인 견지에서 본다면 롤모델로 삼고 있는 사람을 흉내 내는 행위는 매우 바람직한 일입니다. 페이스북의 창업자인 마크 저커버그가 애플의 스티브 잡스를 존경하고 따른다는 사실은 유명한 이야기입니다.

저커버그는 잡스를 너무 흠모한 나머지 항상 그의 업무 스타일을 흉내 내고 싶어 했는데, 잡스가 젊었을 때 하루 18시간 정도 일했다고 하자 그것마저 따라 했다고 합니다.

아마추어 골퍼들은 세계적인 선수들의 스윙 폼을 그대로 따라 하면서 실력 점검을 합니다. 물론 함부로 무분별하게 따라 했다가 자기 실력마저 망치는 경우도 있기는 하지만, 좋은 점을 받아들여 내 것으로 만든다면 실력 향상에 도움이 될 것입니다.

회사에서 능력을 인정받아 승진을 거듭하는 선배가 있으면 그의 일하는 습관과 행동을 은밀히 살펴보고 그것을 따라 해봐도 좋습니다. 마치 내가 그 사람으로 빙의를 한 듯이 우월한 능력자로 거듭날 수 있을 것입니다

이처럼 누군가를 따라 하거나 흉내 내는 것을 심리학에서는 '모델링 modeling'이라고 부릅니다. 이것은 사회 인지 학습 이론에서 핵심적인 요소로, 하나 이상의 모델을 관찰함으로써 도움을 받는 것을 말합니다.

캘리포니아 주립대학의 스티븐 그레이 Steven Gray 교수는 배

동경하는 사람의 흉내를 낸다

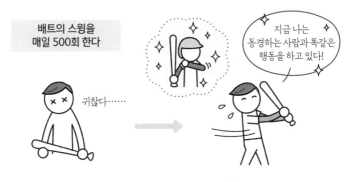

드민턴 스윙 연습을 시키면서 30분 동안 프로선수들이 라켓을 잡는 법, 다리의 움직임 등을 영상으로 보여주고 이를 그대로 흉내 내게 하자 선수들마다 눈에 띌 정도로 기술이 향상했다고 보고했습니다.

내가 속한 분야에서 높은 실적을 올리는 사람의 업무 스타일을 그대로 흉내 내는 것이 일도 재미있게 할 수 있고, 의욕도 끌어올리는 길임을 잊지 맙시다.

하지만 단순히 흉내를 내는 것만으로 롤모델처럼 능력자가 될 수 있는 것은 아니니 진심을 담은 노력과 자기만의 성장을 위한 밑그림, 그리고 매 순간 열정을 다하는 자세가 뒤따라야 합니다.

3

지나치게
완벽을 추구하지 마라

미국 속담에 '버터를 톱으로 자르는 행위는 쓸데없는 에너지 낭비'라는 말이 있습니다. 버터를 정교하게 자를 목적으로 톱을 사용하듯이, 사소한 일에 너무 지나치게 힘을 쏟는 것은 좋지 않다는 뜻입니다.

무슨 일이든 너무 완벽하게 해내려고 하면 정신적인 부담감이 큽니다. 100점 만점이 아니면 안 된다는 생각에 빠지면 너무 큰 부담의 무게에 어깨가 짓눌립니다.

어느 기업의 최고경영자는 직원들에게 무엇을 하든 80점 정도면 충분하다는 가벼운 마음가짐으로 일하라고 말한다고 합니

지나치게 완벽해지려고 하지 않는다

다. 무조건 100점을 목표하기 때문에 일이 고통스러운 것이지 아예 처음부터 80점에 맞추면 부담이 조금 덜해서 오히려 머리가 더 자유롭게 작동하게 됩니다. 그 기업의 최고경영자가 원하는 게 바로 이런 게 아닐까 생각해봅니다.

직원들 앞에서 업무 진행 과정을 설명할 때, 그들 모두에게 감명을 주겠다고 마음을 먹으면 아무리 철저히 준비한들 부족하게 느껴질 것입니다. 결국 부담감에 짓눌려 발표 자체를 망쳐버릴 수도 있을 것입니다. 그러니 절반 정도의 사람만이라도 설득할 수 있으면 좋겠다고 생각하면 자연스럽게 말도 잘할 수 있어 오히려 좋은 모습을 보일 수 있습니다.

영국 켄트대학의 요아힘 스토버Joachim Stoeber 교수 연구팀은 축구, 배구, 육상 등 운동선수 535명을 대상으로 각자가 얼마만큼 완벽주의를 지향하는지 조사했습니다.

그러는 한편으로 경기를 할 때 느끼는 불안감도 조사해보았는데 완벽주의를 추구하는 선수일수록 경쟁에 불안을 느끼는 비율이 높다는 사실을 알게 되었습니다.

하나의 실수도 없이 완벽하게 해내려고 하면 마음에 흔들림이 오게 되고, 그러면 시합에서 여지없이 실수를 하게 됩니다. 세계적인 선수들이 올림픽 같은 큰 대회에서 금메달이라는 완벽함을 목표하기 때문에, 다시 말해서 우승에 연연하기 때문에 곧잘 패배하는 것을 봅니다.

반면에 꾸준히 자기 실력을 닦아온 무명선수들 중에는 세계적인 선수들을 다 물리치고 금메달을 따는 모습을 볼 때도 많습니다. 처음부터 마음에 부담이 없었으니 자기가 가진 실력을 아낌없이 발휘할 수 있었던 것입니다.

무슨 일에도 전력을 다하는 것은 당연하지만 결과에 대해서는 최선을 다했으니 하늘의 뜻에 맡기는 것이 좋습니다. 그러니 해야 할 일을 제대로 마쳤다면 80점만 받으면 충분하다고 생각합시다. 그 정도로 편안하게 마음가짐을 갖는 편이 오히려 더 좋은 모습을 보여줄 수 있습니다.

더구나 일할 때 완벽만을 추구하면 언제까지라도 시작할 수가 없습니다. 세상에 완벽한 준비, 완벽한 타이밍, 완벽한 결과란 없기 때문입니다. 마음을 편히 먹고, 자기 분수에 맞는 목표를 세우고 출발하는 것이 순조롭게 일을 진행하면서 일의 결말도 좋다는 사실을 기억해두면 좋겠습니다.

4
무거운 가방을 들고
다니지 마라

예전에 나는 가방에 여러 권의 책을 넣고 다녔습니다. 전철에서나 상담을 위해 방문하게 된 회사에서 담당자를 기다릴 때 짬짬이 읽기 위해서였습니다.

하지만 책이란 의외로 무겁습니다. 무거운 것을 들고 다니면 몸이 힘들 뿐만 아니라 마음도 피곤해지기 쉽습니다. 무거운 것을 들고 있으면 같은 일을 해도 '왠지 힘들다', '힘들 것 같다', '될 수 있으면 안 하고 싶다' 같은 생각을 하게 됩니다.

그러니 될 수 있는 한 가방에 쓸데없는 것을 넣고 다니지 말고 최대한 간단하게 다녀야 합니다. 가벼운 가방에 필기구 같은 것만 넣고 다니면 마음도 가벼워지고 일할 맛도 생겨납니다.

독일 오스나브뤼크대학 심리학과 교수인 카이 카스파 Kai Kaspar 박사는 179명의 남녀에게 남녀 10명의 사진을 보여주면서 '이 남성또는 이 여성을 유혹하는 게 얼마나 힘들 것 같습니까?'라고 물어보았습니다.

이것만이라면 보통의 실험이지만, 카스파 박사는 사진이 들어 있는 액자를 보여준 것이 달랐습니다. 어떤 사람에게는 576그램의 가벼운 액자를 건넸고, 어떤 사람에게는 1,026그램의 무거운 액자를 건넸습니다.

결과는, 무거운 액자를 건네받은 사람들이 하나같이 '이 사람을 유혹하는 게 어려울 것 같다'고 답했습니다. 이 실험은 물리적으로 무거운 것을 들고 있으면 심리적 곤란함을 더 크게 추정한다는 사실을 나타내는 것이라고 할 수 있습니다.

군이 심리학적으로 생각하지 않더라도 무거운 것을 소지하고 있으면 그게 무엇이든 힘들게 여겨집니다.

"어차피 영업하러 가도 계약을 못할 것 같은데……."

"이쯤에서 그만두고 다른 사람에게 넘길까……."

이렇게 연약한 소리를 내뱉는 것은 어쩌면 무거운 가방이나 서류뭉치를 과중하게 소지하고 있기 때문일지 모릅니다. 가방의

무거운 것을 들고 있으면 심리적인 곤란함도 크게 느껴진다

무게를 최대한 줄이면 심리적인 곤란함도 누그러져서 '좋아! 활기차게 거래처들을 돌아보자!'는 다짐이 발걸음을 재촉하게 만들지 모릅니다.

인간의 심리는 별것 아닌 일에도 매우 쉽게 영향을 받기 때문에 몸에 지니고 있는 물품의 무게도 그날의 컨디션에 꽤 크게 작용한다고 할 수 있습니다. 몸이 가벼워야 마음도 가볍고, 그래야 일할 맛도 납니다.

5

허황된 기대가
나쁜 것만은 아니다

심리학 관련도서를 읽어보면 긍정적인 사고가 중요하다는 말이 자주 나오는데, 솔직히 말하자면 그다지 긍정적인 사고가 아니라도 괜찮은 경우도 있습니다.

비관적인 것, 부정적인 것만 생각하는 사람에게조차도 그것은 그것대로 장점이 있으니 너무 심각하게 신경 쓰지 않아도 좋습니다.

예를 들어 미래에 대해 나쁜 상상만 하는 것이 과연 좋지 않은 일일까요? 꼭 그렇지만은 않습니다. 나쁜 상상이 머릿속에 계속 떠오르면 차라리 그 생각을 머릿속에서 몇 번이나 시뮬레이션하면서 부정적인 상황에 대처합시다. 미래에 있을지 모를 부정적인 일에 대해 내성을 기르자는 것입니다.

이와는 달리 무조건 긍정적인 것밖에 생각하지 않는 사람은 갑자기 험악한 현실과 마주하게 되면 '이게 아닌데……' 하며 현실을 도저히 받아들이지 못하게 됩니다.

미국인들은 2쌍의 부부 중에 반드시 1쌍은 이혼한다고 합니다. 50%의 이혼율이라니, 미국은 왜 그렇게 이혼율이 높을까요? 위스콘신대학 크리스 세그린 Chris Segrin 교수에 의하면, 그 이유는 결혼에 대한 지나친 환상을 품은 채 결혼생활을 하고 있기 때문이라고 합니다.

대부분의 사람들은 결혼생활에 좋은 일만 이어질 거라고 착각합니다. 하지만 현실에서는 험난한 고비를 여러 차례 넘겨야 하기 때문에 그런 현실에 직면했을 때 '이게 아닌데……' 하고 부정하면서 곧장 이혼해버리는 것입니다.

이것만 봐도 오늘날에 비해 예전이 이혼율이 훨씬 낮았던 이유를 알 수 있고, 긍정적인 기대감보다는 오히려 나쁜 쪽으로 예상을 해보는 것도 나쁘지 않다는 걸 알게 됩니다.

나는 대학교 4학년 학생들에게 사회에 나가면 감당하기 어려운 경험을 엄청나게 많이 한다고 심하게 겁을 줍니다. 그렇게 해서 나쁜 쪽으로 예상을 하는 편이 실제로 사회로 나갔을 때 버텨내기가 쉽기 때문입니다.

"회사는 멋진 곳이다, 재미있는 일을 하게 해주고 많은 돈에 유급휴가까지 주는 천국 같은 곳이다."

이런 생각을 하면 어렵게 입사해도 곧바로 그만두고 말 것입니다. 의욕이 생기지 않는다며 입사한 지 며칠 만에 풀이 죽을 수도 있습니다.

그러니 무슨 일을 하든 나쁜 결과가 나올 수 있다고, 기대보다 훨씬 못한 성적표를 받을 수 있다고 머릿속으로 몇 번이나 리허설을 하기 바랍니다. 리허설을 할수록 현실에서 일어나는 나쁜 상황들을 아주 가볍게 받아들일 수 있을 것입니다.

6

왜곡된 이상을
품지 마라

어떤 강의에서 청중 한 분이 '사람이 희망적인 것만 생각하면 행복해질 수 있느냐'고 물었습니다. 그날은 마침 긍정과 희망이 우리 삶에 어떤 영향을 끼치는가에 대한 강의를 하고 있던 터라 청중들이 나의 대답에 귀를 기울였습니다. 나의 대답은 간단했습니다.

"그럴 일은 없었습니다. 오히려 반대입니다."

안이한 기대 따위를 품고 있으면 험난한 현실에 얻어맞고서 일어날 수 없을 정도로 의기소침해지기 때문에 처음부터 안이한 기대감 같은 것을 품지 않는 편이 좋습니다.

캐나다 토론토대학의 자넷 폴리비 Janet Polivy 교수는 논문을 발표하면서 '잘못된 이상 신드롬'이라는 용어를 만들어냈습니다. 예를 들어 나에게 변화를 주려는 사람이 있다고 쳐봅시다. 성격을 바꾼다든지, 다이어트를 한다든지, 어쨌든 새롭게 태어나고 싶어 하는 사람이 있다고 합시다.

폴리비 교수에 의하면 자신을 바꾸려는 사람들에게 공통적으로 나타나는 현상은 '내 자신을 바꾸는 일쯤은 매우 간단하다'고 착각한다고 합니다.

게다가 그런 사람들은 그런 일을 단기간에 달성할 수 있다고 단단히 믿고, 그렇게 함으로써 매우 큰 이익을 얻을 수 있다고 착각한다고도 합니다.

폴리비 교수는 이런 생각들은 모두 틀린 것으로 '왜곡된 이상'에 지나지 않는다고 지적했습니다. 현실적으로 자기 자신을 바꾸는 일이란 매우 어려운 데다 단기간에 해낼 수 있을 리가 없습니다. 게다가 자기 자신을 바꿈으로써 큰 이익이 있겠느냐고 묻는다면 그런 것도 없다고 할 수 있습니다.

결과적으로 자기 자신을 바꾸려고 시도하는 사람들은, 그 실험이 잘 이루어지지 않은 채 실패로 끝나버려서 도리어 처참한 기분이 될 뿐이라고 폴리비 교수는 말하고 있습니다.

"너무 큰 것을 바라서는 안 됩니다. 목표한 것은 쉽게 달성할 수 있으리라고 생각하는 것도 금물입니다."

그러면서 폴리비 교수는 너무 큰 것을 원하지 말고 자신이 할 수 있는 것을 조금씩 계속하면 된다고 말했습니다. 무슨 일이든 단기적으로 이루려고 하지 말고 많은 날이 걸려서라도 해낼 것이라고 생각해야 합니다. 현실이란 녹록지가 않기 때문입니다. 처음부터 이렇게 생각한다면 의욕이 꺾이는 일도 드물 것입니다.

7

심리적인 거리를 줄이면
그만큼 가까워진다

평소에 좋아하지 않는 사람이나 물건을 가까이하고 싶다면, 머릿속으로 나에게 다가오는 상상을 해보면 효과가 있습니다. 우리는 자기 옆에 있는 것은 좋아하지만 멀리 있는 것은 그렇지 않기 때문에 그렇게라도 하면 조금은 가까워질 수 있을 것입니다.

시카고대학 심리학과 아파르나 라브루Aparna Labroo 교수는 머릿속으로 그려내는 이미지로 심리적인 거리를 줄이면 그만큼 꺼려지는 대상을 좋아하게 되지 않을까 생각하고, 이 가설을 검증하기 위해 실험을 진행했습니다.

'레드커리 메뚜기'라는 음식이 들어간 통조림이 있습니다. 메뚜기를 빨간 커리에 조리해서 담아 놓은 통조림으로, 애호가가 아니면 누구도 그리 먹고 싶어 하지 않는 음식으로 유명합니다. 라브루 교수는 세 그룹에게 다음과 같은 지시를 각각 내렸습니다.

1) 머릿속으로 이 상품을 자기 쪽으로 끌어오는 이미지를 그려보라

2) 머릿속으로 이 상품을 자기에게서 멀어지는 이미지를 그려보라

3) 이 상품을 그저 가만히 바라보기만 하라

이런 지시 후에 라브루 교수는 상품에 대한 호의적인 평가를 7점 만점으로 하고, 또 얼마라면 상품에 돈을 내고 싶은가도 물어보았습니다.

라브루 교수는 실험 결과 그리 좋아하지 않을 만한 메뚜기 음식조차 머릿속으로 가까워지도록 하자 좋아하게 될 수 있음을 알게 되었습니다.

	끌어옴	멀리함	보기만 함
상품에 대한 평가	2.28점	1.41점	1.31점
얼마를 내고 싶은가?	1.49달러	0.33달러	0.19달러

출처: Labroo, A.A., & Nielsen, J. H.

꺼려지는 것을 머릿속에 가까워지도록 해본다

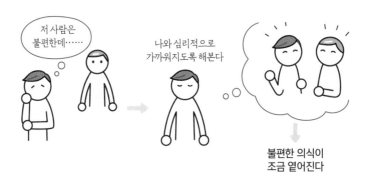

"그 사람을 만나는 게 싫은데……."

"그 친구를 별로 좋아하지 않는데……."

이런 사람이 있다면 그와 편안하게 담소를 나누는 상황을 이미지로 떠올려보면 좋을 것입니다. 그러한 생각의 조작을 통해 아무리 가까이하고 싶지 않은 사람이라도 그런 감정이 계속 이어지지 않을지도 모릅니다.

생활 곳곳에서 이런 발상을 활용할 수 있습니다. 예를 들어 다이어트를 위해 헬스장에 등록했지만 막상 다니는 게 귀찮아졌다면 자기가 좋아하는 운동기구 이미지를 떠올려본다든가 헬스를 통해 다이어트에 성공한 자신의 이미지를 그려보는 것도 좋습니다. 그렇게 하면 역시 헬스장에 다니는 것에 대한 저항력이 다소나마 옅어질 것입니다.

그런가 하면 회사 안에 유독 서먹서먹한 동료가 있다면, 마찬가지로 그와 친하게 지내는 이미지를 떠올리며 마음속으로 대화를 나누다 보면 반드시 그와 친하게 지내는 날이 올 것입니다. 당신도 한번 일상 곳곳에서 적극적으로 활용해보기 바랍니다.

8

행동하지 않는 자신에게
벌칙을 줘라

만약 해야 할 일이 있어도 몸과 마음이 태만해져서 아무것도 하고 싶지 않을 때는 스스로에게 벌을 주어 활력을 불어넣는 방법이 있습니다. 이런 때 그런 다짐을 주위 사람들에게 널리 알리면 효과가 더 좋습니다. 자신에게 엄한 벌이 기다리고 있다고 생각되면 하지 않을 수가 없기 때문입니다.

누군가에게 벌을 준다는 것은 그를 움직이게 만들 때 매우 유효한 방법입니다. 일도 마찬가지입니다. 일을 좋아하는 사람은 없습니다. 그럼에도 왜 모두가 열심히 일하느냐면 일하지 않으면 뒤따르는 징벌이 무섭기 때문입니다.

회사에서 일을 하지 않고 빈둥대는 날이 많으면 해고 위험이 뒤따르고 백수로 전락할지 모르기 때문에 모두가 어쩔 수 없이 회사에서 정한 규칙을 지킵니다. 따라서 일을 할 때는, 충실하지 않은 자신에 대한 징벌도 함께 정하는 방법도 괜찮은 아이디어 입니다.

"OO을 하지 않으면 XX를 하겠어!"

이런 식의 벌칙을 계획하고 다른 사람들에게 공표를 하면 누구라도 적당히 임할 수 없게 됩니다. 금연, 금주, 게으름 탈출, 다이어트 등 어느 것도 같은 방법이면 효과가 있습니다.

마음속으로 그런 계획마저 흐지부지하겠다고 작정한다면 모를까 벌칙이라는 이미지를 강하게 심어둔다면 어쩔 수 없이 움직이게 될 것입니다.

예일대학의 경제학 교수 이언 에어즈 Ian Ayres가 만든 유니크한 웹사이트인 스틱닷컴 www.stickk.com이 있습니다. 여기서는 어떤 약속을 하고, 만약 그것을 스스로 지키지 못할 경우 자신이 몹시 싫어하는 단체나 조직에 기부하지 않으면 안 됩니다.

이것 역시 벌금에 해당합니다. 예를 들어 '3개월 이내에 5킬로그램의 다이어트를 하지 못하면 100달러를 기부하겠다'고 스스로 약속하는 것입니다. 이는 매우 효과적인 방법으로, 맹세를 한 사람마다 벌금을 내지 않으려고 필사적으로 노력한다고 합니다.

여러분도 이와 똑같은 약속을 친구들과 해보십시오.

"만약 내가 담배를 입에 무는 걸 발견하게 되면 네가 갖고 싶어 하는 자전거를 줄게!"

이렇게 친구에게 말하면 금연 습관에서 탈피하게 될지도 모릅니다. 왜냐하면 나의 소중한 자전거를 공짜로 건네주는 건 정말 바보 같은 짓이니 말입니다.

의욕을 잃어버린 상태인 나 자신을 움직이도록 할 때는 무작정 자신의 의지력에 의존해서는 안 됩니다. 의지력만큼 도움이 안 되는 것도 없기 때문입니다.

따라서 친구나 상사, 부하들에게 어떤 다짐을 함께 공유하는 것입니다. 그리고 약속이 어긋날 때는 반드시 자신에게 벌을 주어야 합니다. 벌이 없으면 아무리 철석같이 맹세를 한들 아무 효과가 없기 때문입니다.

법률도 그렇습니다. 벌칙에 대한 규정이 없는 법률이라면 어느 누구도 지키려고 하지 않을 것입니다. 이런 식으로 하고 싶어 하지 않는 자신에게 의무감을 불어넣기 위해 조금은 과감한 조치가 필요합니다. 스스로에게 관대하지 말고 엄격한 징벌을 정해두면 하고 싶지 않은 일이라도 하게 될 것입니다.

9

자기 자신을
궁지에 몰아넣어라

이제는 정말 끝이라는 상황에 놓이게 되면 사람은 엄청난 힘을 발휘하게 됩니다. 교통사고 현장에서 자동차를 들어 올리는 등 상상할 수 없을 정도의 괴력을 발휘해서 피해자를 구하는 시민들처럼 말입니다.

여기서 우리는 최대의 파워를 발휘하고 싶다면 자신을 극단적인 상황으로 몰아넣는 것도 나쁘지 않다는 걸 알게 됩니다. '배수의 진背水之陣'이라는 말이 있습니다. 강을 등지고 진을 친다는 뜻으로, 더 이상 물러설 곳이 없어 목숨을 걸고 싸울 수밖에 없는 상황을 일컫는 말입니다.

더 이상 도망칠 구멍이 없는 상황이면 전력을 다한다

상어기 있다 = 끝이다

궁지에 몰리면
최대한의 힘을 발휘한다

인간은 본래 궁지에 몰리면 자기가 가진 것 이상의 힘을 냅니다. 2000년 시드니 올림픽에서 트라이애슬론수영·사이클·마라톤의 세 종목을 연이어 겨루는 경기이 열렸을 때, 수영에서 개인기록을 경신한 선수들이 속출했습니다. 어느 선수든 자신의 최고기록을 어렵지 않게 갱신해버렸으니 정말 대단한 일이 아닐 수 없었습니다.

이유는 무엇이었을까요? 시드니 만에는 상어가 출몰한다고 알려져 있어서 선수들이 전력을 다해 헤엄을 쳤던 것입니다. 조금이라도 여유를 부렸다가는 상어에게 공격을 당할지도 모르니 모두들 죽기 살기로 헤엄을 쳤던 것입니다.

'자기 자신에게 벌을 준다'고 했는데, 배수의 진을 치는 것은 좀 극단적인 일이기는 해도 좋은 사례라고 할 수 있습니다. 생명을 잃을지도 모른다는 최악의 상황을 어떻게든 피할 수만 있다면 사람은 필사적이 될 수밖에 없는 것입니다.

버밍엄대학의 앨리슨 롤프Alison Rolfe 교수는 10대 때 엄마가 된 33명의 미혼모들을 인터뷰했습니다. 10대 때 출산한 여성들은 그때까지는 일탈을 했거나 불량소녀로 살았어도 출산 후에는 책임 있는 어른이 되었다고 대답하는 사람이 많았습니다.

왜 그럴까요? 그 이유는 자신이 정신 차려서 아이를 키우지 않으면 안 된다고 생각했고 인생의 막장 같은 상황에서 악착같이 살아냈던 것입니다. 이것은 남성도 마찬가지일 것입니다. 학창시절에는 엄청 태만했던 사람이라도 사회인이 되고 결혼이라도 하면 열심히 일하는 경우를 흔히 볼 수 있습니다.

이들 모두 배수의 진을 치고서 이를 악물고 살아가는 모습에 배울 점이 많습니다. 우리 모두가 그렇게 마음먹고 행동하면 억지로 의욕을 끌어내려고 하지 않아도 저절로 의욕이 솟아나올 것입니다.

10

일단
시작하라

좀처럼 의욕을 끌어올리기 힘들 때는 무엇이라도 좋으니 어쨌든 행동을 취해보십시오. 뭔가를 하고 있으면 어찌 되었든 그사이에 의욕이 생겨납니다. 의욕이 생기지 않는 것은 아무것도 하고 있지 않기 때문으로, 몸을 움직여 일하는 사이에 자기도 모르게 의욕이 올라오는 것입니다.

예를 들어 영업사원이 상담을 하기 위해 찾아와 영업이 체질에 맞지 않아 회사 바깥으로 나가고 싶지 않은데 어떻게 하면 의욕이 생기겠느냐고 물으면 나는 이렇게 대답해줍니다.

"그 자리에서 무조건 밖으로 나가십시오. 그러면 의욕은 나중에라도 따라옵니다."

의욕이 없을 때는 간단히 할 수 있는 일부터 시작한다

아마 그 사람은 상담을 마친 후 얻은 게 아무것도 없다고 투덜대며 터덜터덜 밖으로 나가서 목적도 없이 거리를 배회했을 것입니다. 그런데 잠시 그렇게 걷다 보면 정말로 의욕이 솟아날 것이라고 약속할 수 있습니다.

아주 작은 움직임이라도 상관없습니다. 어쨌든 뭔가 행동을 취하면 그사이에 의욕이 솟아납니다. 사람들은 대부분 의욕이 없을 때는 아무것도 하지 않는 편인데, 그건 대단히 잘못된 것입니다. 아무것도 하고 있지 않으면 시간이 아무리 지나도 의욕이 부활하지 않습니다.

미국의 대중연설가이자 자기계발 작가인 브라이언 트레이시 Brian Tracy는 《개구리를 먹어라 Eat That Frog》에서 이렇게 썼습니다.

"아무것도 하고 싶지 않을 때는 무엇이든 좋으니 한 가지라도 작업을 시작하고 끝을 내라!"

그렇게 하면 자기도 모르게 힘이 솟아서 다른 일도 의욕적으로 임할 수 있게 된다는 것이 트레이시의 가르침입니다. 이것은 심리학적으로 볼 때도 옳다고 할 수 있습니다. 지금 하는 일과는 전혀 관련이 없는 것이라도 뭔가를 하고 있으면 자신도 모르는 사이에 의욕이 생기게 됩니다.

뇌과학자인 이케타니 유지池谷 裕二는 《해마, 뇌는 지치지 않는다海馬. 脳は疲れない》에서 이렇게 썼습니다.

"우리들이 어떤 작업을 시작하면, 뇌의 보상 회로에 해당하는 기댐핵 nucleus accumbens이라는 부위가 자극을 받아 의욕이 끓어오른다."

우리가 어떤 작업을 하게 되면 뇌가 활성화되기 시작하고, 그에 따라 몸도 활기에 차서 움직이게 된다는 얘기입니다. 이것을 심리학적으로 '작업 흥분'이라고 합니다.

스포츠 선수들이 경기를 앞두고 몸을 푼다는 뜻의 워밍업을 하는데 이것도 같은 논리입니다. 이제 본격적으로 몸을 움직일 테니 준비하라는 신호를 뇌에 보내는 것입니다.

그러니 아무래도 의욕이 나지 않을 때는 간단히 할 수 있는 일이라도 무엇이든 시작해보기 바랍니다. 아주 간단한 일, 말하자면 지금까지 받은 명함들을 폴더에 다시 꽂아본다든지, 집 안 청소를 시작해본다든지 하는 것 말입니다. 잠시 동안이라도 그런 일을 하고 있다 보면 잠자던 의욕이 깨어나서 정말로 해야 할 일들을 활기차게 처리할 수 있을 것입니다.

5장

그래도
의욕이 없는 사람들을 위한
심리 법칙

행동 그 자체를 그만둔다고 선언하라 • 파일 정리를 꼼꼼히 하지 마라 • 의욕이 사라진 게 아니라 지겨워졌을 뿐이다 • 이거야말로 식은 죽 먹기라고 자신에게 말하라 • 환경을 바꾸면 습관이 바뀐다 • 골치 아픈 일이 일어날 거라고 미리 예상하라 • 평소에 체력을 충분히 비축해두자 • 습관으로 의욕을 끌어올려라 • 사전 준비에 충분한 시간을 투자하라 • 나 자신을 위해 하는 일이라고 다짐하라

누가 그를 패배자로
만들었을까?

K가 대기업 계열의 가구회사에 입사했을 때, 경영자는 그를 포함한 12명의 신입사원들에게 기대가 무척 크다고 말했다. 예년에 비해 입사 시험과 면접에서 탁월한 성적을 기록한 사람들이 많았기 때문이다.

그중에서도 K는 특히 주목을 받았다. 입사 시험에서 가장 우수한 성적을 기록했고, 면접 때도 조용하면서도 신중한 태도에 높은 점수를 받았던 것이다.

이 회사는 신입사원들이 본격적으로 업무에 배치되기 전에 1년 동안 무조건 일선 영업 현장에서 발로 뛰는 과정을 밟아야 했다. 회사가 매일 지시하는 거래처들을 방문하여 자사 제품을 안내하거나 신개발품 프레젠테이션을 하는 과정이었다.

정신없이 뛰어다니다 보니 3개월이 흘렀다. K는 요즘 자신도 모르게 한숨을 쉬는 버릇이 생겼다. 자꾸 남의 눈치를 보는 일도 많아졌다. 그에게 무슨 일이 생긴 것일까?

그는 자신이 사람을 만나 대화하는 일에 엄청 부담을 느낀다는 사실을 알게 되었다. 이런 어려움은 회사에서 내근을 할 때도 마찬가지여서 직장이라는 공간 자체가, 사람들과 어울리는 문제가 너무 힘들어 숨이 막혀버릴 것만 같았다.

어릴 때부터 인간관계에 취약한 내성적인 성격이었지만, 성장하면서 많이 고쳤다고 믿어왔는데 막상 사회생활을 시작해보니 전혀 아니었던 것이다. 10개월이 흘렀을 때, 그는 직장생활이 적성에 맞는지 고민하게 되었다. 누구에게도 흡수되지 못하고 겉돌기만 하는 자신이 한심해서 미칠 지경이고, 이런 모습을 들키지 않으려고 발버둥치는 자신이 너무 싫었다.

지금 그는 전투력을 상실한 군인처럼 무기력에 빠져서 매일 아침 출근을 그만두고 어딘가로 도망치고 싶다는 생각을 한다. 이건 아닌데, 이래서는 안 되는데……. 그는 전혀 예상하지 못했던 상황에 당황하면서 모든 일에 겁을 내고 귀찮아하는 자신을 발견한다. 무엇이 그를 이렇게 만들었을까?

1

행동 그 자체를
그만둔다고 선언하라

이 책은 의욕을 상실한 자신을 어떻게든 움직이게 하기 위한 심리 테크닉을 소개하고 있지만, 그나마도 너무 귀찮아 죽겠다면 차라리 그만둬버리는 선택지도 있음을 알아두기 바랍니다.

예를 들어 영어를 배우기 위해 학원에 가야 하는데 정말로 그게 귀찮다면 학원을 포기하면 됩니다. 대신 집에서 틈나는 대로 영어를 공부하면 된다고 마음을 먹으면 어떤 문제도 생기지 않고, 그러다 안 되면 그때 다시 학원을 고려하겠다고 계획하면 됩니다.

친구가 매번 자기를 도와달라는 전화를 하는데, 그와의 만남 자체가 귀찮아서 어떻게든 피하고 싶을 때가 있습니다. 그렇다면 이제는 그 사람과 절교하겠다고 선언해버리면 됩니다. 그것으로 성가신 요구에 응할 필요도 없어지고 기분도 홀가분해집니다.

'그렇게 극단적으로까지 해야 하나?' 하고 생각할 수도 있겠지만, 이 말은 '매니지먼트의 신'이라 불리는 경영학자 피터 드러커Peter Drucker가 얘기한 것으로 매니지먼트에 있어서는 기본이 되는 원칙입니다. 피터 드러커의 말을 인용해보겠습니다.

"비용의 삭감 측면에서 가장 효과적인 방법은 활동 그 자체를 그만두는 것이다. 비용의 삭감이 효과를 보는 경우는 좀처럼 없기 때문이다."

"어떠한 해결책들이 있는지 여부는 문제에 따라 다르다. 그러나 한 가지 해결책은 항상 검토되지 않으면 안 된다. 그것은 바로 여러 행동을 하지 않는다는 것이다."

그의 말을 결론적으로 말하면 행동하지 않는 것이 가장 훌륭한 전략이라는 것입니다. 그러니 너무 의욕이 생기지 않을 때는 아예 하지 않는다는 선택지도 있다는 사실을 명심하기 바랍니다.

거래처와의 교섭도 마찬가지입니다. 상대방이 무리한 숙제를 들이대면서 전혀 양보해주지 않는 경우가 있습니다. 그렇게 힘든 상대를 만나 교섭이 난관에 봉착하면 과감하게 이제 이 교섭을 끝내겠다고 선언하면 됩니다.

이것을 '출구 전략exit option'이라고 합니다. 'exit'가 출구라는 뜻이니, 직역하자면 교섭의 탁자에서 이제 그만 나가겠다는 의견을 피력하는 선택법이라고 할 수 있습니다.

네덜란드 호로닝언대학의 엘렌 기벨스Ellen Giebels 교수도 이 방법이 무척 유효하다고 말합니다. 봉사활동을 하거나 회사 동료들과 조기축구를 하는 것이 귀찮아 죽겠다면 이제 그만둔다는 선택지도 있다는 걸 기억하면 마음이 편해질지 모릅니다.

이렇게 말하면 포기는 내 사전에 없다며 끝까지 가겠다고 고집을 부리는 사람도 있습니다. 포기는 나쁜 것이 아닙니다. 어떤 의미에서 그것은 더 나은 선택을 위한 일보 후퇴 같은 것입니다.

나는 언젠가 읽은 책에서 감명 깊었던 글귀를 업무 다이어리의 첫 페이지에 걸어두었습니다. 그것을 소개하며 이 장을 끝내겠습니다.

"사소한 일에 매달리지 말고 자신에게 가장 소중한 일에 힘써라. 자신에게 도움이 되지 않는 것, 심지어 최선을 다하는 데 방해되는 것들은 과감하게 포기할 줄 알아야 한다."

2

파일 정리를
꼼꼼히 하지 마라

누구나 신문이나 잡지의 관심 분야 기사를 잘라서 정성껏 모아두거나 자료를 파일에 담아두는 일을 합니다. 나도 도서관에서 논문의 복사본 같은 것을 집으로 가져와 분야별로 꼼꼼히 정돈해놓는 습관이 있습니다.

하지만 솔직히 말해서 그렇게 해서 모은 정보나 자료를 유익하게 사용하는 경우는 극히 드뭅니다. 그냥 습관처럼 모아놓기만 해서 관리하기 불편할 정도로 큰 짐이 되어버리는 경우가 더 많습니다.

나는 자료 모은 것을 나중에 제대로 사용하지 않는다는 사실을 깨달은 후에는 다시는 그런 습관이 발동하지 않도록 단단히 다짐했습니다.

한 번 읽은 논문의 요약 같은 것은 컴퓨터에 보존하기도 하지만 논문 자체는 한 번만 읽으면 망설임 없이 버립니다. 필요하면 다시 복사하면 되니 파일 정리를 아예 하지 않는 것입니다.

앞서 소개한 베티 해러건의 《비즈니스 게임론》에도 한 번 읽은 서류는 두 번 다시 쳐다보지 않는다는 엄격한 규칙을 정해두지 않으면 서류는 끝없이 늘어가기만 한다고 쓰여 있습니다.

영국 본머스대학의 크리스토퍼 오펀Christopher Orpen 교수에 의하면 정보를 어떻게 취급하느냐에 따라서 시간 관리 능력에 큰 차이가 난다고 말합니다. 바꿔 말하면, 시간 활용이 뛰어난 사람이 정보를 취급하는 능력도 뛰어나다는 얘기입니다.

만약 '서류는 전부 버리시오', '파일 정리는 그만두시오'라는 의견이 너무 극단적이라고 생각된다면 자기 나름의 방식으로 정보를 수집해도 괜찮습니다.

나의 경험상 같은 파일 안에 모든 정보를 일괄해서 관리하는 편이 검색 기능을 사용해서 간단히 찾아낼 수 있습니다. 갖가지 파일철을 여러 개 만들면 대체 어디에 어떤 정보를 넣어두었는지 알 수 없게 되어 오히려 찾기 어려우니 컴퓨터 파일 속에 전부 넣어두는 편이 편리하다고 볼 수 있습니다.

　다시 한 번 말하지만, 귀찮은 일은 아예 하지 않고 지나가는 것이 의욕을 잃지 않는 지름길입니다. 현대는 정보화 사회이기 때문에 정보를 얼마나 많이 알고 있는가가 매우 중요하지만 인간이 이용할 수 있는 시간은 누구나 하루 24시간밖에 안 되니 쓸데없는 것에 시간을 낭비하지 않는 편이 좋습니다.

　나는 신문을 읽는 일조차 시간낭비라 믿기 때문에 외면한 지 오래입니다. 저녁식사를 할 때, TV 뉴스를 보는 것만으로도 세상 돌아가는 것은 대충 알 수 있어 살아가는 데 전혀 지장이 없습니다. 불필요한 정보는 될 수 있는 한 접촉하지 않는 것이 나 자신을 한층 더 의욕적이게 만드는 비결이라고 생각하는데, 여러분의 의견은 어떻습니까?

3

의욕이 사라진 게 아니라
지겨워졌을 뿐이다

사람은 계속 같은 일을 하면 지겨워집니다. 그러나 '지겹다'와 '의욕이 없다'는 말은 결코 같은 뜻이 아닙니다. 지겹더라도 의욕이나 에너지를 잃지 않는 경우도 많기 때문입니다.

예를 들어 영어 공부를 계속하면 점점 지겨워집니다. 그러면 대부분의 사람들은 피곤하다면서 쉬려고 합니다. 그런데 영어 공부를 잠시 중단하고 다른 공부로 바꿔보면 굳이 휴식을 취하지 않아도 그대로 계속해서 공부하는 경우가 적지 않습니다.

일도 마찬가지입니다. 똑같은 일을 하는 게 지겨워졌다면 다른 일을 해보는 건 어떻겠습니까? 다른 일로 바뀌면 다시 새로운 기분이 될 수 있어 매번 휴식을 취하지 않아도 됩니다.

서류 작성이 지겨우면 고객에게 전화를 걸어보거나 자료를 읽고 새로운 아이디어를 생각해봅시다. 그래도 지겨우면 새로운 거래처를 뚫기 위해 외근을 나가보거나 한동안 연락을 하지 않았던 고객에게 메일을 보내는 것입니다.

그렇게 여러 가지 새로운 일을 하고 있노라면 어쩌면 하루 종일 의욕을 잃지 않은 채 일하는 것도 가능할지 모릅니다.

독일 뮌헨대학의 라인하르트 페크룬Reinhard Pekrun 교수에 의하면 강의에 질린 학생들의 92.3%가 의욕도 잃었다고 대답했다고 합니다. 페크룬 교수는 말합니다.

"그러나 사실은 의욕을 잃은 게 아니라 지겨워졌을 뿐이다. 지겹기 때문에 의욕을 잃은 것처럼 느끼는 것이다."

따라서 아무리 애를 써도 의욕이 생기지 않을 때는 일을 그냥 내던져버릴 게 아니라 다른 일로 전환해보는 게 정답입니다. 그러면 분명히 기분 전환이 될 것입니다.

하지만 다른 어떤 일도 할 만한 것이 없는 경우도 분명히 있을 것입니다. 그러면 어쩔 수 없이 휴식을 취하도록 합시다. 그렇더라도 할 수 있는 일이 있다면 휴식을 취하기 전에 우선은 그 일

피곤하다고 느낄 때는 단지 지겨워졌을 수도 있다

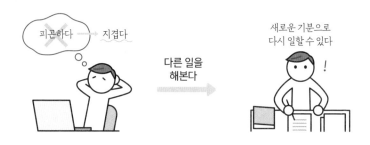

을 해보기 바랍니다. 그러다 보면 '어? 아직 나에게 꽤 여력이 남아 있네?'라고 깨달을 것입니다.

우리들은 지겨워지면 피곤한 것처럼 느껴지는 경우가 많은데, 사실은 전혀 피곤하지 않은 상태일지 모릅니다. 단지 너무 지겨워서 재미가 없어졌기 때문에 휴식을 취하기 위한 변명으로 피곤하다고 말하는 것입니다.

따라서 될 수 있으면 두세 가지 정도로 '내가 해야 할 일'을 갖고 있으면 좋습니다. 그렇게 하면 일이 지겨워졌을 때 나머지 일들을 하나씩 해낼 수 있게 되니 말입니다.

4

이거야말로 식은 죽
먹기라고 자신에게 말하라

아무리 힘이 들더라도 '이 정도야 나한테는 간단한 일이지!'라고 자신에게 말할수록 고통을 덜 느끼게 됩니다. 이를 심리학에서는 자기암시를 통해 자기 자신을 속이는 것이라고 합니다.

이를 '자기기만'이라고 하는데, 보통 이 말은 자기의 양심에 벗어나는 말이나 행동을 하면서 스스로를 속이는 행위를 뜻하지만, 심리학에서는 이 말이 좋은 의미로 쓰일 때가 많습니다.

예를 들어 아침에 일어났을 때 조금 몸 상태가 좋지 않거나 어젯밤 마신 술이 아직 깨지 않았다면, 그럼에도 불구하고 '아! 잘 잤다!', '오늘은 컨디션이 최고다!' 같은 말을 하는 것입니다.

자기암시를 건다

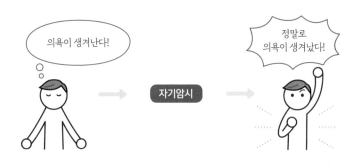

침대에서 일어나자마자 바로 그런 말들을 내뱉으면 기분이 상승하여 다른 때보다 훨씬 활기차게 움직일 수 있습니다. 어린 아이들은 뛰어놀다가 넘어져서 무릎이 까져도 엄마가 '하나도 안 아프겠다! 걱정하지 마!' 하면 벌떡 일어나 곧바로 뛰어다니기 시작합니다.

이것은 일종의 자기암시로, 이런 식의 암시를 자신에게 스스로 걸어버리면 의외로 이득을 보는 경우가 많습니다. 몸이 피곤해졌을 때 잠시 휴식을 취하면서 차나 커피를 마신다고 해봅시다. 그러다 휴식을 끝내며 '아자! 의욕이 팡팡 샘솟는다!', '풀 파워 충전 완료!' 같은 말들을 소리치면 거짓말처럼 열정적으로 일할 수 있게 된 자신을 발견하게 될 것입니다.

미국 뉴욕 주에 있는 콜게이트대학의 조안나 스타렉 Joanna

Starek 박사는 대학생 수영선수들을 대상으로, 아무리 훈련이 괴로워도 괴롭지 않은 척해서 훈련을 이어가는 등 어느 정도 자신을 속이는지를 조사해보았습니다.

조사 결과, 자신을 속이는 선수는 스스로 스트레스를 조절할 수 있고 긍정적인 성격을 유지할 수 있으며 고통에 대한 내성도 남들보다 높다고 합니다. 게다가 동기부여가 상승해서 어떤 경쟁 상황에서도 아주 강해진다고도 합니다.

괴로울 때 '괴롭다, 괴롭다'고 말을 꺼내거나 힘들 때 '이젠 못하겠다. 정말 도망치고 싶다'는 식으로 말하면 점점 더 괴로워지고 힘들어지니 오늘부터 당장 반대되는 말들을 해보도록 합시다.

"자신 있어! 충분히 해낼 만해!"

"이까짓 거 나한테는 일도 아니지!"

이런 식으로 팔을 걷어붙이고 나면 의욕이 고개를 쳐들고 여러분을 적극적인 방향으로 이끌어갈 것입니다. 도저히 할 수 없는 일인데도 함부로 큰소리 땅땅 치라는 것이 아닙니다. 항상 자신에게 할 수 있다는 기운에 숨을 불어넣으면 의욕 상실 같은 상황은 결코 가까이 오지 않을 것입니다.

5

환경을 바꾸면
습관이 바뀐다

알람시계를 2개, 3개씩 사용하지 않으면 아침에 일어날 수 없는 사람들이 있습니다. 중요한 약속이 오전에 있는데, 새벽까지 일을 하다가 깜빡 잠이 든 바람에 약속을 지키지 못했다는 이야기들이 직장인 사회엔 흔합니다.

하지만 이 정도의 고민은 순식간에 해결할 수 있습니다. 밤이 되어 잠자리에 들 때, 창문의 커튼이나 블라인드를 치지 않으면 됩니다. 그렇게 하면 아침이 되었을 때 눈이 부셔서 깰 수밖에 없습니다. 태양빛을 받으면서 일어나는 것이기에 건강에도 도움이 됩니다.

환경을 바꾼다

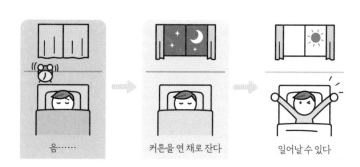

음……   커튼을 연 채로 잔다   일어날 수 있다

알람시계가 요란스럽게 울려서 잠을 깨게 되면 왠지 남이 깨운다는 느낌을 받을 수밖에 없습니다. 여전히 졸린데 깨우는 것이니 심리적으로 짜증이 나서 불쾌한 기분인 채 일어나야 합니다.

그런 점에서 알람시계는 탓할 수 있지만 햇빛이 나를 깨웠다고 '정말 짜증 나네, 저놈의 해가 오늘도 아침을 맞이하게 만들다니!' 하면서 불평을 하는 사람은 없습니다. 그러니 태양에게 깨워달라고 하는 것이 기분 좋게 일어날 수 있는 방법입니다.

호주에 있는 에디스코완대학의 데이비드 라이더 David Ryder 교수는 자신의 행동을 바꾸려고 할 때는 환경을 컨트롤하는 편이 가장 좋은 결과를 얻을 수 있다고 말했습니다.

자신의 의지력에 의존할 게 아니라 환경을 바꿔보는 것입니다. 그렇게 하면 인간의 행동은 그것에 응답하기라도 하듯 변화

하기 쉬워집니다. 이를 심리학에서는 '환경 컨트롤법' 또는 '자극 컨트롤법'이라고 부릅니다.

예를 들어, 퇴근길에 맥주 한 잔 마시는 습관을 아무리 노력해도 그만둘 수 없는 사람이 있다고 칩시다. 이런 사람은 귀갓길을 바꾸면 됩니다. 익숙한 술집들이 있는 곳을 걷다 보면 아무래도 술을 마시고 싶어지는 것은 당연합니다.

그러니까 아예 그런 가게들이 없는 곳으로 귀가하는 것입니다. 그렇게 하면 술을 참아야 한다는 의식을 일부러 하지 않아도 마시지 않는 습관이 새로 생길 것입니다.

나의 대학 선배는 새 집을 짓고 나서부터 갑자기 매일 6킬로미터를 걷게 되었습니다. 대단하다고 생각할 수도 있지만 사실은 조금 다릅니다.

그는 전철역에서부터 먼 곳에 집을 지었고, 게다가 근처에 버스정류장도 없어서 전철역까지 가는 데 몇 킬로미터나 걸어가지 않으면 안 되는 것뿐입니다. 이 또한 환경을 바꾸면 행동이 곧바로 바뀐다는 사례라고 할 수 있습니다.

6

골치 아픈 일이 일어날 거라고 미리 예상하라

내일까지 마쳐야 할 서류 작성을 위해 모처럼 집중해서 일하고 있는데, 부장이 잠시 자기 일을 도와달라고 하면 짜증이 쏟아집니다. 오랜만에 일할 기분이 나는데 타의에 의해 억지로 중단하자니 기분이 상하는 것입니다.

직장에서는 이런 일들이 비일비재하게 일어나는데, 어떻게 하면 좋을까요? 결론부터 말하자면, 사전에 성가신 일이 일어날 거라고 예상하고 있으면 그나마 견디기가 쉬워집니다.

그런 식으로 미리 준비하고 있지 않기 때문에 불시에 다른 사람들에게 방해를 받게 되면 기분이 상해져서 의욕마저 가라앉게 되는 것입니다.

하지만 누군가로부터 방해를 받을 수 있다는 사실을 미리 예상하고 있으면 그에 대한 마음의 준비를 할 수 있기 때문에 당연히 일어날 일이 일어났을 뿐이라며 순순히 받아들일 수 있습니다.

미국 듀크대학 심리학과의 앤드류 카튼Andrew Carton 교수는 70명의 학생들에게 250페이지에 달하는 논문 하나를 제시하고 'a'로 시작하는 단어를 찾아보라는 작업을 시켜보았습니다.

그때 과반수의 그룹에게는 도중에 감독관으로부터 방해를 받는 일이 생길 수 있다고 말해두었고, 나머지 그룹에게는 그런 말을 하지 않은 채 갑자기 방해를 해보았습니다.

나중에 각 그룹의 작업량발견해낸 단어 수을 확인해보니 방해받는 것을 예상한 그룹이 훨씬 높은 수치임을 알 수 있었습니다. 반면에 그런 예상을 못한 그룹은 매우 저조한 수치를 보였습니다.

이로써 알 수 있는 사실은 사전에 방해받는 것을 예상하고 있으면 그렇게 심하게 짜증이 나지 않고 아주 자연스럽게 받아들일 것이며, 게다가 더 빨리 원래의 집중력을 되찾을 수 있다는 것입니다.

상사나 고객에게 기획서나 제안서를 제출할 때도 '어차피 수

방해받는 것을 예상한다

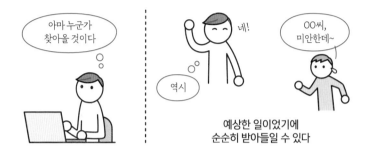

정을 요구하겠지'라고 생각하면 실제로 수정하라는 요구를 받더라도 그다지 짜증이 나지 않습니다. '역시, 그렇게 말할 줄 알았어!'라고 수월하게 받아들일 수 있는 마음이 생기기 때문입니다.

사실 직장인은 이런 과정을 거치면서 성장하는 것이기에 골치를 아프게 하는 일들이 얼마든지 겪을 수 있는 통과의례라고 생각하면 그리 심각하지 않게 받아들일 수 있을 것입니다.

선배 사원들은 이런 일을 감당하는 근육이 생겨서 언제든지 마음의 준비가 되어 있지만, 신참내기 사원은 그렇지가 않으니 성가신 일이 일어날 거라고 미리 예상하는 습관은 의욕을 유지하는 비결의 하나로 큰 도움이 될 것입니다.

7

평소에 체력을
충분히 비축해두자

사람의 의지력은 체력과 관계가 있습니다. 체력이 있어야 집중력이나 전투력이 강하지 체력이 부족한 사람은 아무래도 의지력이 약해서 지구력을 요하는 작업에는 힘을 쓰지 못합니다. 체력이 부족하면 의욕도 덩달아 없어서 무엇을 시작해도 곧바로 포기하고 싶어집니다. 따라서 어떤 목표를 세우고 일할 때는 제일 먼저 체력을 비축하는 게 좋습니다.

미국 케이스웨스턴리저브대학의 마크 무라벤Mark Muraven 교수는 될 수 있는 한 오랜 시간 핸드그립악력기을 쥐고 있음으로써 체력을 소진해버리면, 그 후에 의지력이 동반되는 작업을 제대로 해낼 수 없음을 실험을 통해 확인했습니다.

체력이 없으면 의지력도 생기지 않는다는 건 누가 봐도 불변의 진리인데, 우리들은 체력과 의지력의 상관관계를 알지 못하기에 무작정 의지력만 기르면 만사 해결이라고 생각하는 것입니다.

의지력은 눈에 보이지 않기에 정말로 길러졌는지 어떤지 알 수 없지만, 체력이 좋아져서 몸이 탄탄해지면 눈에 보이는 형태로 자기강화를 할 수 있음을 알 수 있습니다.

무엇인가를 할 때 입버릇처럼 귀찮다고 말하는 사람이 있습니다. 의자에서 일어나서 필요한 파일을 가져오는 일조차 귀찮다고 말하는 사람이 그렇습니다.

이렇게 만사가 귀찮다고 입버릇처럼 말하는 사람이라면 우선 체력을 기르는 것부터 시작하길 바랍니다. 체력이 부족하기 때문에 무슨 일이든 귀찮다고 느끼는 것이므로 체력이 상승하면 그런 감정은 별로 느끼지 않게 될 것입니다.

예전에 나는 너무 비만이라 중성지방의 수치가 매우 높았습니다. 그러자 의사가 걷기를 추천했고, 그 뒤 꾸준히 걷기 훈련을 하자 체력이 붙어서인지 이전만큼 모든 일에 귀찮다고 느끼지 않게 되었습니다. 무엇을 하든 체력이 중요하다는 사실을 잊지 말기 바랍니다.

8

습관으로
의욕을 끌어올려라

무슨 일을 할 때는 자기만의 간단한 의식儀式을 정해놓고 일에 임하면 좋습니다. 그런 식으로 의식을 정해놓고 있으면 자동적으로 기분이 상승하고 의욕도 생기는 경우가 많습니다.

일을 할 때마다 '의욕적으로 해보자!'고 다짐해봐야 정신력이 뒤따라주지 않으면 소용이 없습니다. 그러나 자기 나름의 어떤 의식을 정해놓고 그것을 정성스레 수행하고 나면 자연스럽게 최고의 행동 능력을 발휘할 수 있게 됩니다.

의식이라고 말하고 있는데, 그렇다 해서 제단에 제물을 올려놓고 기도를 하라는 얘기는 아닙니다. 자기만의 간단한 상징을 만들어 경건한 마음으로 기도하는 것입니다.

스포츠 선수들은 이런 원리를 경험을 통해 알고 있는 것 같습니다. 중요한 시합을 앞두고 있으면 반드시라고 할 정도로 의식을 치르는 행동을 취합니다.

예를 들어 어떤 프로야구 선수는 타석에 들어서기 전에 하늘에 경의를 표하듯이 자기 가슴을 가볍게 두드리고 난 후에 하늘을 바라보며 뭔가를 중얼거립니다. 이런 의식이 매번 홈런을 치게 만드는 것은 아니지만 아무튼 좀 더 진중하게 시합에 임하도록 자신을 이끌 수 있는 것입니다.

심리학자 헨드리 와이신저Hendrie Weisinger 박사는 이런 식의 행동은 최고의 심리 상태에 들어가기 쉽게 하는 데 매우 효과적인 방법이라고 말합니다.

스포츠 선수가 아니더라도 일반인이 어떤 일을 하면서도 이런 의식은 커다란 도움이 됩니다. 자기 나름의 상징적인 의식을 정해서 '자, 이걸 했으니 나는 분명 최고의 행동 능력을 보여줄 수 있을 거야!'라고 믿으면 되는 것입니다.

영화감독 스티븐 스필버그Steven Spielberg는 촬영에 들어가기 전에 반드시 쿠로사와 아키라黒澤 明 감독의 〈7인의 사무라이七人

뭔가를 하기 전에 자기만의 의식을 정하라

일을 시작할 때의 루틴 = 커피를 마신다

그럼, 시작하자!

の侍)를 본다고 합니다. 스필버그 감독은 이 영화를 보면서 최고로 좋은 영화를 만들겠다는 다짐을 하는 거라고 볼 수 있습니다.

스필버그 감독은 〈7인의 사무라이〉를 처음 봤을 때, 이것이야말로 진짜 영화라는 찬사와 함께 크게 감동했다고 합니다. 그러니까 이 영화를 볼 때마다 그때의 감동이 되살아나서 의욕이 솟아나는 것입니다.

어떤 작가는 소설 작업을 시작할 때 반드시 1박 2일의 목적지 없는 배낭여행을 다녀온다고 합니다. 기차역에 나가 그냥 눈에 들어오는 도시로 향하는 것입니다. 그런가 하면 어떤 영화배우는 촬영을 할 때는 하루에 한 번씩 몇 시간이고 물구나무서기를 한다고 합니다.

직장인이라면 일을 시작하기 전에 가볍게 줄넘기를 하는 것도 좋고, 따뜻한 커피를 마시며 크게 호흡을 하는 것도 좋습니다. 무엇이든 상관없으니 자기만의 루틴을 한번 정해보십시오. 그렇게 하면 곧바로 의욕이 상승하는 기분을 느낄 수 있게 될 것입니다.

9

사전 준비에
충분한 시간을 투자하라

무엇을 하든 갑자기 시작하면 반드시 문제가 생깁니다. 내 몸의 상태가 따라주지 못하는데 무조건 행하려고 하면 최고의 행동 능력을 발휘할 수 없기 때문입니다.

"어? 그럴 리가 없는데……."

"나는 이보다 더 잘할 수는 없을 것 같은데……."

갑자기 일을 하다가 난관에 봉착한 사람들이 하는 소리입니다. 최고의 행동 능력을 발휘할 수 없게 되면 생각한 만큼의 성과를 올릴 수 없고, 시간도 많이 걸려 몸도 마음도 지쳐버립니다.

그러니 우선은 충분한 사전 준비가 필요한 것입니다. 예를 들

일을 하기 전에 사전 준비를 한다

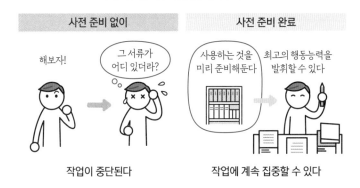

어 새로운 프로젝트를 위해 서류를 작성해야 한다고 칩시다. 그렇다면 사전에 미리 관련 자료나 데이터를 책상 위에 전부 준비해야 합니다.

그렇게 하면 매번 '자료 어디 있더라?' 하면서 책상 여기저기를 뒤적거리지 않아도 됩니다. 이렇게 번거롭게 일을 하면 그때마다 작업이 중단되기 때문에 시간도 걸리고 의욕도 멈추게 됩니다.

스마트폰의 전원을 꺼두는 것도 훌륭한 사전 준비입니다. 그렇게 하지 않으면 작업 중에 전화가 걸려 와서 일이 중단되기 십상이기 때문입니다. 자칫 악질 거래처로부터 전화가 와서 통화가 길어지기라도 하면 리듬이 완전히 깨어져서 아예 일할 엄두가 나지 않을 수도 있습니다.

화장실도 마찬가지입니다. 작업 중에 화장실에 가는 것 역시 시간 낭비가 됩니다. 따라서 일을 좀 더 의욕적으로 하려면 사전에 이런저런 준비를 다 하고 나서 시작하기 바랍니다.

호주 퀸즐랜드대학의 루스 앤더슨Ruth Anderson 박사는 세계 선수권이나 올림픽에 출전할 정도로 상위 레벨에 있는 카누, 수영, 다이빙 선수들 170명을 모아서 어떻게 피크peak 퍼포먼스를 하는지 조사한 적이 있습니다.

피크 퍼포먼스란 자신이 보여줄 수 있는 최고의 연기나 동작을 가리키는데, 이 퍼포먼스가 어느 타임에 어떤 상태에서 표출되는지를 물은 것입니다.

그 결과, 가장 많았던 대답이 자동화되었다고 느끼는 상태였습니다. 거의 무의식 상태에서 몸이 자동적으로 움직일 때 최고의 동작이 나온다는 것입니다.

그것은 경기에 최대한도로 집중을 함으로써 자기 자신을 완전히 잊은 상태로, 그런 망각의 상태에서 연습을 통해 몸에 스며든 동작들이 저절로 나온다는 것입니다.

앤더슨 박사는 피크 퍼포먼스에 도움이 되었다고 생각되는 것은 무엇이냐고 물어보았습니다. 그러자 '심리적인, 그리고 신체적인 면의 사전 준비'라고 말한 사람이 제일 많았습니다. 꼼꼼히 사전 준비를 함으로써 자신의 컨디션을 올렸다는 것입니다.

또한 '시합 전의 루틴'이라고 답한 사람도 그 뒤를 이었습니다. 거듭된 연습으로 확고하게 자리 잡은 자기만의 루틴을 함으로써 '그럼 해볼까?'라는 마음이 슬슬 일어났던 것입니다.

최고의 행동 능력을 발휘하고 싶다면 그를 위해 사전에 준비를 철저히 해둡시다. 준비란 스포츠로 말하자면 워밍업 같은 것인데, 이것을 확실히 하지 않으면 경기 시간이 되었어도 빨리 컨디션이 좋아질 리가 없습니다.

어떤 일을 하든 쓸데없는 일들로 방해받지 않도록 사전에 꼼꼼히 준비하는 것만큼 중요한 루틴은 없을 것입니다. 이런 사전 준비도 없이 무조건 주술 같은 의식이나 주문을 외운다고 해서 일이 잘될 리는 없습니다.

10

나 자신을 위해
하는 일이라고 다짐하라

우리가 세상에서 가장 좋아하는 사람은 다른 누구도 아닌 우리 자신입니다. '나는 나를 좋아하지 않는다'고 말하는 사람도 있을 테지만 대부분의 사람들은 자신이 세상에서 제일 좋다고 여길 것입니다.

그러니 동기부여를 높여 의욕 충만한 나를 만들고 싶다면 '다른 누구도 아닌 바로 나 자신을 위해서!'라고 생각한다면 일을 더 진지하고 용감하게 풀어나가게 됩니다.

"회사를 위해 더욱 힘을 내자!"

"나라를 위해 몸을 불사르자!"

이런 다짐은 아무래도 무리입니다. 우리는 저마다 타산적인 부분이 있기 때문에 자신과 직접적인 관계가 없는 것에는 그렇게 힘을 낼 리가 없습니다.

그 대신 '나 자신을 위해!'라고 생각하며 힘을 내기 때문에 의욕이 솟아나는 것이고, 그런 성취욕이 일을 끝까지 이뤄나가는 데 커다란 원동력이 됩니다.

미국 멤피스대학의 에드워드 배쇼Edward Bashaw 박사는 16곳의 기업에서 일하는 직장인들 중에서 영업직 1,300명에게 질문지를 배부하고 560개의 유효한 답변을 얻었습니다.

그 데이터를 분석해보면, 회사를 위해 힘을 낸다고 대답한 사람보다 나 자신을 위해 힘을 낸다고 대답한 사람들이 영업의 결과가 훨씬 더 좋았습니다.

좀 더 구체적으로 말하자면, 자기 자신을 위해 일하는 사람들이 영업 능력도 뛰어나고 고객과의 관계를 구축하는 능력도 높았으며 경쟁사의 상품 지식도 가지고 있고 계획이나 준비성도 높았습니다.

배쇼 박사에 의하면 사람은 무척 타산적인 동물이기 때문에 직장인 같으면 자신의 출세나 승진으로 이어진다고 생각하면 동기부여가 높아진다고 합니다. 물론 나 자신을 위해 힘을 내다보

'나 자신을 위해!'라고 생각한다

면 결과적으로 회사의 이익도 올라가니 회사를 위한 일도 됩니다. 다만 처음부터 회사라는 목표를 가지면 의욕이 생각보다 높아지지 않으니 우선은 자기 자신을 위한다고 생각하면서 일해야 합니다.

혼다의 창업자인 혼다 소이치로本田 宗一郎 회장은 언제나 사원들에게 회사를 위해서가 아니라 자기 자신을 위해 일하라고 강조했다고 합니다. 그래야 일하는 즐거움도 있고, 보람도 더 큰 법이기 때문입니다.

자신의 멋진 삶을 위해 일한다고 생각한다면 고생을 한다는 느낌보다는 즐겁게 자기 일에 혼신의 힘을 쏟을 수 있을 것입니다. 이제부터 여러분도 다른 누구도 아닌 여러분 자신을 위해 일한다고 다짐하기를 바랍니다.

6장

지금 당장
행동할 수 있는
사람이 되자

칭찬은 나를 춤추게 한다 • 지나치게 엄격한 규칙은 오히려 일을 망친다 • 항상 최악의 상황에 대비하라 • 미루면 더 힘든 일이 기다리게 된다 • 재능이 없어도 성공할 수 있다 • 재미없는 일이라면 명칭을 바꿔라 • 나쁜 소식일수록 빨리 보고하라 • 청명한 날은 최대한 노력할 기회다 • 쉬운 일을 먼저 하고, 힘든 일은 나중에 • 무리를 해서라도 멋진 모습을 보여라 • 타인의 평가를 신경 쓰지 마라

갑자기
확 바뀌어버린 삶

처음엔 별일 아닐 거라고 생각했다. 남편의 늦은 귀가가 빈
번해지고, 술에 취해 이상한 말을 투덜거리는 습관이 생긴
것도 대수롭지 않게 여겼다. 그녀 역시 직장에 다니고 있기
에, 월급쟁이 삶에 지쳐서 그러려니 하고 이심전심으로 넘
어갈 때도 많았다.

  그런데 어느 날 남편이 느닷없이 회사에 사직서를 제출
했다고 말했다. 그리고 그다음 이어진 말에 그녀는 어안이
벙벙한 표정으로 남편을 바라보았다.

  "도시생활에 지쳤어. 다 때려치우고 고향에 내려가 농사
나 지으며 살고 싶어!"

  평소에도 마흔둘이라는 나이가 무색하게 철없는 행동을
할 때가 많아서 결혼생활 10년 내내 매일같이 조마조마했
지만, 나하고는 한 마디 상의도 없이 이런 결정을 내리다니
너무 잔인한 행동이어서 왈칵 눈물이 나왔다. 하지만 더 잔
인한 말은 그다음에 이어졌다.

"이번에 나랑 함께 내려가도 좋고, 그게 싫으면 그냥 나 혼자 내려가도 상관없어!"

남편과 함께 시골에 내려갈 생각도 없고, 그냥 여기에 혼자 남을 생각도 없는 그녀는 그 순간 입술을 깨물었다. 남편이 이렇게 결정한 것은 어쩌면 이혼을 전제로 한 행동일 수 있다는 느낌이 심장을 강타했기 때문이다.

남편은 그로부터 보름 뒤에 정말로 짐을 싸서 고향에 내려가버렸다. 가만히 보니 오래전부터 이런 계획을 세워왔던 모양이다. 배신감, 모욕감, 그런 감정들이 치솟아 올라와 견딜 수가 없었다.

갑자기 확 바뀌어버린 삶에 직면해서, 그녀는 도무지 갈피를 잡을 수가 없다. 이혼이 두려운 것이 사실이지만 이렇게 가버린 남편에 대한 배신감 때문에 매일이 지옥이었다. 이런 상태로 출근을 하고, 멍한 상태에서 일하다가 귀가하는 그녀는 어떤 선택을 해야 할지 답을 찾을 수가 없다.

1

칭찬은
나를 춤추게 한다

일주일 동안 꼬박 A지점에서 B지점까지 종이박스를 쉬지 않고 쌓아 올리는 일만 하라고 한다면 누구나 지겹다고 생각할 것입니다. 100개의 구덩이를 판 다음에 다시 그것을 메우는 작업을 하라고 하면, 그것 역시 지겹기는 마찬가지입니다.

그런데 그런 작업이라도 다른 사람들에게 '당신은 종이박스를 정말 멋지게 잘 쌓아 올린다! 진짜 대단하다!'라는 칭찬을 들으면 어떨까요?

조금은 기분이 좋아져서 재미없다고 생각하기보다는 사람들

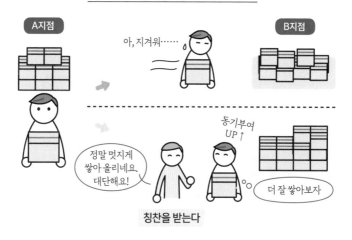

칭찬받으면 작업의 고통이 사라진다

로부터 더 칭찬받을 수 있도록 종이박스를 더 열심히 쌓아 올리려고 할 것입니다.

사람은 이처럼 너무도 단순하게도 무슨 일을 하고 있을 때 다른 사람들에게 칭찬을 받으면 기분이 좋아져서 작업의 고통마저 사라지게 됩니다.

미국 노스이스턴대학의 리사 윌리엄스Lisa Williams 박사는 여러 색깔의 점을 그려넣은 컴퓨터 화면을 보여주고 빨간색 점이 몇 개인지를 세어보라는 매우 단순하고 지루한 작업을 시켜본 적이 있습니다.

이때 실험요원의 절반에게는 '당신은 동체시력 능력이 매우 뛰어나네요!' 같은 칭찬을 계속 해주었지만 나머지 절반에게는 일체의 말이 없었습니다.

작업이 종료될 때쯤 윌리엄스 박사는 실험에 참가한 사람들에게 조금 기다려달라고 하면서 그동안 자유롭게 시간을 보내되 같은 작업을 해도 좋고, 하지 않아도 좋다고 말했습니다.

그러자 칭찬받은 그룹에서는 자유 시간임에도 불구하고 대부분 계속해서 그 작업을 이어갔습니다. 칭찬받자 마음이 좋아져서 일을 더 하고 싶어진 것입니다. 반면에 작업을 하는 동안 어떤 말도 듣지 못한 사람들은 모두들 지겹다는 표정으로 컴퓨터 앞에서 멀리 떨어져 앉아 있었습니다.

그러니 화장실 청소도, 공부도, 다른 무엇을 할 때는 누군가에게 칭찬을 받을 수 있도록 여건을 만들어놓으면 도움이 됩니다. '나는 칭찬을 받으면 더 잘하는 사람이니 많이 칭찬해주십시오!'라고 부탁해두면 상대방도 웃음 지으면서 칭찬을 마다하지 않을 것입니다.

그들이 설령 거짓말로 그렇게 말한다 해도 상관없습니다. 칭찬을 받는 것이 포인트이기 때문입니다. 거짓말이든 무엇이든 칭찬받으면 기분이 좋기 때문에 의욕이 솟구치는 것입니다.

아이들은 부모가 그림을 잘 그린다는 칭찬을 해주면 몇 시간이나 계속 앉아서 그림만 그립니다. 그렇듯이 칭찬을 받는 것은 사람의 동기부여를 높이는 방법이므로 일을 할 때는 일부러라도 자주 칭찬을 받도록 여건을 만듭시다.

대부분의 사람들은 부끄러워 그런지 칭찬해주고 싶다고 생각해도 칭찬하지 않고 그냥 넘어가는 일이 자주 있습니다. 그러니 사전에 '나를 거리낌 없이 칭찬해주세요!'라고 부탁을 하면 상대방도 굳이 마다하지 않을 것입니다. 그런 말을 듣고 '난 그런 짓은 못해!'라고 소리치는 사람은 없을 테니 안심하고 칭찬받는 환경을 스스로 만들어봅시다.

2

지나치게 엄격한 규칙은
오히려 일을 망친다

심리학에서는 '될 대로 되라 효과' 라는 재미있는 이름의 용어가 있습니다. 캐나다 토론토대학의 자넷 폴리비 교수가 처음으로 사용한 용어인데, 지나치게 엄격한 규칙을 자기 자신에게 정하면 지극히 작은 주저함만으로도 '이 제 될 대로 되라'고 하면서 모든 규칙을 던져버리려고 한다는 것입니다.

예를 들어 '10일 만에 5킬로그램의 다이어트를 성공하겠다!' 는 매우 엄격한 규칙으로 다이어트를 시작한 사람이 있다고 칩시다.

될 대로 되라 효과

열흘 만에 5킬로그램의 살을 뺀다!

좋았어!

아무것도 먹지 않고 참자……

한 입만!

다이어트는 힘들겠다. 안 할래!

처음 이틀 동안은 아무것도 입에 넣지 않고 참는 노력을 했지만 역시 배고픔은 견디기가 힘들어서 피자 한 조각을 먹어버렸습니다.

그러자 그는 이 시점에서 '다이어트 같은 것을 해도 어차피 나는 힘들겠다. 될 대로 되라!'고 모든 것을 포기해버리게 됩니다. 간신히 지켜왔던 하나의 경계선이 일순간에 무너짐으로써 포기해버리는 심정으로 돌아서는 것입니다.

금연하고 있는 사람도 마찬가지입니다. 계속 참고 참았는데, 친구와 술을 마실 때 너무나도 참을 수가 없어져서 그저 한 모금의 담배를 피웠을 뿐입니다. 하지만 그것을 계기로 둑이 무너지듯 흡연 습관이 되살아나는 경우를 흔하게 봅니다.

이런 식의 '될 대로 되라 효과'를 예방하기 위해서는 처음부터 엄격한 규칙을 자신에게 정하지 않으면 됩니다.

"다이어트는 하지만, 일주일에 한 번은 맛있는 것을 먹어도 된다."

"평소에는 금연하지만 술을 마실 때는 피워도 좋다."

"아침에 산책하는 습관을 갖지만 토요일과 일요일은 그냥 푹 쉬기로 하자."

이렇게 규칙을 조금 관대하게 정해놓는 것이 중요합니다. 그렇게 하면 규칙을 어겼다고 후회할 일도 없고, 또한 자신에게 약속을 어긴 나약한 인간이라고 비웃을 일도 없이 같은 도전을 계속 이어나갈 수도 있습니다.

필사적으로 참다가 아주 조금 규칙을 어겼다고 해서 모든 것을 다 포기해버리는 것보다는 조금이나마 여유를 갖게 만드는 규칙을 설정하는 편이 결국에는 오랫동안 지속할 수 있습니다.

대부분의 사람들이 여러 도전을 시도해도 결국에는 잘 해낼 수 없는 이유는 애초부터 설정한 규칙이 너무 엄격하기 때문입니다. 그렇게 자신에게 혹독한 제한을 하면 결코 잘 해낼 수 없습니다.

새해가 되면 신년 계획을 세우는 사람들이 많은데, 너무 큰 목표를 세우지 않는 편이 좋고 규칙도 비교적 느슨하게 설정해야 합니다. 계속할 수 없는 목표는 아무리 거창하게 세워도 아무 의미가 없습니다.

사람들은 '자기 자신에게 엄격하게 대하라!'는 말들을 하는데, 심리학의 측면에서 보면 결코 좋은 방법이 아닙니다. 조금은 자신에게 관대하게, 그러나 꾸준히 해나갈 수 있는 방법을 찾는 것이 실현 가능한 약속이 될 것입니다.

3
항상 최악의 상황에 대비하라

어떤 계획을 세울 때는 일반적인 계획 외에 반드시 최악의 상황에 대해서도 생각하는 편이 좋습니다. 일부러 세 가지 계획이나 생각해둔다는 게 귀찮다면 적어도 최악의 상황만큼은 반드시 생각해둬야 합니다.

동양고전에 '교토삼굴狡兎三窟'이라는 말이 있습니다. 영리한 토끼는 맹수의 공격을 피할 굴을 미리 세 개 정도는 마련해놓는다는 말로, 자신의 안전을 위해 사전에 몇 가지 계책을 마련해둬야 한다는 뜻입니다.

최악의 상황은 그저 그런 보통의 계획으로는 제대로 대처할 수가 없습니다. 왜냐하면 그런 식의 계획을 세우면 대부분의 경우 예상이 빗나가지 않아서 그대로 가다가는 실패하기 쉽기 때문입니다.

예를 들어 건축을 계획하고 있다면 예산, 인원, 날짜 등 모든 과정에 대한 예상을 너무 안일하게 하면 막상 현실에서는 그대로 되지 않는 경우가 많기 때문에 낭패를 볼 확률이 높습니다.

어떤 프로젝트를 진행하면서 업무 추진비로 얼마를 생각했는데 계획을 추진하다 보니 두세 배를 훌쩍 상회했다고 말하는 사람이 많은 것은 바로 이 때문입니다.

예상이 틀렸을 때 일일이 수정을 반복한다는 것은 오히려 더 귀찮고 비용도 뒤따르는 일이니 차라리 처음부터 최악의 상황을 염두에 두고서 그에 따라 움직이는 편이 좋습니다.

캐나다의 월프리드로리어대학 심리학 연구팀은 학생들에게 논문 과제를 내고 '당신이라면 얼마 정도의 기간 안에 논문을 완성할 수 있겠습니까?'라고 물어보았습니다.

그러자 학생들은 평균적으로 '33.9일 만에 끝낼 수 있다'고 예상했습니다. 하지만 실제로 며칠 만에 끝냈을까요? 학생들이 논문을 제출한 것은 평균 55.5일 후였습니다. 예상보다 20일 이상이나 초과해버렸던 것입니다.

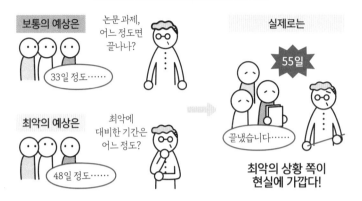

일반적인 예상과 최악에 대비한 예상

보통의 예상은

논문 과제, 어느 정도면 끝나나?

33일 정도……

실제로는

55일

끝냈습니다……

최악의 예상은

최악에 대비한 기간은 어느 정도?

48일 정도……

최악의 상황 쪽이 현실에 가깝다!

이런 연구 보고를 통해 사람의 예측이 얼마나 안이한지 잘 알 수 있습니다. 덧붙여서 심리학 연구팀은 '최악의 상황이 계속해서 생기는 경우에는 얼마 정도의 기간 안에 끝낼 수 있는가?'라고도 질문해보았습니다. 그러자 학생들은 평균 48.6일 정도라고 예상했습니다.

현실에서는 과제의 제출이 평균 55.5일이었으니 최악으로 예상한 48.6일이라도 여전히 조금은 안이하다고 볼 수 있습니다. 그렇다고 해도 33.9일과 비교하면 보다 현실적인 기일을 예상한 것이라고 할 수 있겠습니다.

계획을 세울 때는 최악의 상황을 예상하고 준비해야 합니다. 현실에서는 이러는 편이 타당할 수 있으니 자신의 예상이 빗나

갔다고 화가 나는 일도 없이 오히려 마음에 여유가 생길 수 있을 것입니다.

인간관계도 마찬가지입니다. 누구와 만날 약속을 할 때나 업무 계획을 세울 때도 전철이 늦어진다거나 택시가 안 잡힌다거나 하는 최악의 상황을 예상해서 1시간 정도 빨리 목적지에 도착한다는 느낌으로 행동하는 편이 오히려 마음이 편안해서 대화가 술술 풀릴 것입니다.

4

미루면 더 힘든 일이
기다리게 된다

하고 싶지 않은 일은 누구나 그냥 내버려두고 싶을 것입니다. 그렇게 미루는 것이 인간의 자연스러운 감정입니다. 하지만 조금만 더 생각해보면 이 생각이 틀렸다는 걸 알게 됩니다.

무슨 일이든 당장 해치우지 않고 그냥 내버려두거나 마냥 뒤로 미루다가는 나중에 더 성가신 일이 되는 경우가 많습니다. 그동안 미루었던 일을 한꺼번에 처리하려니 몸도 마음도 너무 피곤했다고 말하는 사람들이 많은 이유입니다.

초등학교 여름방학 때의 숙제를 생각해봅시다. 아이들에게 숙

미루지 말고 빨리 해치우는 게 좋다는 발상의 전환을 한다

제란 머리를 지끈거리게 만드는 고통이기에 차일피일 미루며 어떻게든 하지 않으려고 합니다.

하지만 여름방학이 끝나갈 무렵이면 결국은 훌쩍훌쩍 울면서 숙제를 모조리 마쳐야 합니다. 얼마나 힘든 일입니까? 그래서 현명한 부모들은 아이에게 방학 숙제는 일주일 내에 전부 마치도록 가르칩니다. 이렇게 발상의 전환을 하면 아이에게 빨리 끝내버리는 게 훨씬 편하다는 생각을 심어주는 셈입니다.

캐나다 앨버타대학의 로버트 클라센Robert Klassen 박사는 캐나다와 싱가포르의 대학생 1,145명에게 얼마만큼 과제를 뒤로 미루는지를 물었습니다. 그리고 다른 한편으로는 여러 가지 심리 테스트와 학교 성적도 말해달라고 했습니다.

그 결과, 과제를 뒤로 미루는 학생일수록 자존감이 부족하고 자기관리를 못하며 성적도 나쁘다는 결과를 얻을 수 있었습니다. 한 마디로 말해서 뒤로 미루는 사람일수록 생활 태도가 나쁜 경우가 많았던 것입니다.

청소하기가 귀찮다고 며칠이고 쌓아두기만 하면 어떻게 되겠습니까? 그러면 나중에 더욱 큰일이 되고 맙니다. 하지만 매일 조금이라도 청소를 하면 따로 날을 잡아서 대청소할 필요가 없습니다.

업무도 마찬가지로 뒤로 미루는 것보다는 빨리 해치워버리는 게 정신적으로도 편합니다. 게다가 아주 늦어지기라도 하면 늦어진 이유를 상대에게 설명하지 않으면 안 되는 번거로운 일까지 떠안게 됩니다.

물리학자이면서 수필가로 유명한 테라다 토라히코 寺田 寅彦 교수는 원고 의뢰가 들어오면 마감일보다 훨씬 전에 빨리 작업을 끝낸 뒤에 계속 보관해둔다고 합니다. 그러다 마감일이 다가오면 한 번쯤 더 훑어본 다음 보낸다고 합니다.

성가신 일을 먼저 해버리면 나중에 귀찮은 일이 없습니다. 그러니 싫은 일은 뒤로 미룰 게 아니라 '싫으니까 빨리 해치우면 홀가분해진다'는 발상의 전환을 해봅시다.

5

재능이 없어도
성공할 수 있다

여러분은 성공을 하기 위해서는 반드시 타고난 재능이 필요하다고 생각하십니까? 당연히 그렇다고 답변할 사람들이 많겠지만, 나는 그렇게 생각하지 않습니다.

힘든 일이라도 매일 조금씩 계속할 수 있는 힘이야말로 성공으로 이어지는 비결입니다. 어떤 일이든 일단 계속하다 보면 언젠가는 분명히 성공한다고 굳게 믿으며 힘든 일로부터 도망치지 않는 것이 핵심입니다.

펜실베이니아대학의 심리학과 교수 앤절라 더크워스Angela Duckworth 박사는 복잡한 영어 단어의 스펠링을 알아맞히는 시합인 '스펠링 비Scripps National Spelling Bee'의 출전 자격을 얻은 190명을 조사한 적이 있습니다.

대단히 복잡하고 난해한 영어단어의 스펠링을 한순간에 알아 맞히는 그들이 엄청난 기억의 소유자이거나 언어능력이 탁월한 사람들이라고 생각되지 않습니까?

그게 아니었습니다. 그들은 천재가 아니라 바로 '끈기'라는 공통점을 가진 사람들이었습니다. 끈질기게 매달려 스펠링을 외웠던 것으로, 결국 끈기가 성공의 열쇠였다는 얘기입니다.

"나는 재능이 없어서 어차피 잘될 리가 없다."

"나는 머리가 나빠서 어차피 노력해도 안될 거야."

이런 식으로 생각하면 의욕은 생기지 않습니다. 하지만 끈기 있게 하다 보면 언젠가는 성공할 거라고 생각한다면 어떻겠습니까? 아무리 머리가 나쁘다고 생각하는 사람들조차도 조금은 의욕이 생기지 않겠습니까?

미국 작가 말콤 글래드웰Malcolm Gladwell은 성공하는 사람들의 법칙으로 '1만 시간의 법칙'을 제시한 바 있습니다. 글래드웰은 골프, 체스, 바이올린, 연구자 등 다양한 분야에서 성공을 거둔 사람들을 연구해본 결과 같은 일을 10년 동안 총 1만 시간을 꾸준히 수행해온 것이 성공의 비결임을 발견했습니다.

이것만 봐도 천재란 재능이 있는 사람을 가리키는 말이 아니라는 걸 알 수 있습니다. 만약 누군가 천재라 불리는 사람이라면, 그는 노력할 수 있는 재능이 뛰어났던 것이라고 할 수 있습니다.

그러니 천재 따위는 성공과 별 상관이 없는 것이라는 생각을 하면 나도 도전해봐야겠다는 의욕이 생길 것입니다. 매일 조금씩이라도 노력을 계속하면 최종적으로는 꽤 높은 곳까지 도달할 수 있다고 생각하며 노력을 지속하길 바랍니다.

6

재미없는 일이라면
명칭을 바꿔라

팀원들의 의욕이 뚝 떨어져서 괄목할 만한 성과를 내지 못할 때는 팀명이나 부서명을 변경해보는 건 어떨까요? 업무의 명칭을 바꿔보는 것도 의욕을 이끌어내는 방법의 하나입니다.

페이스북의 창업자 마크 저커버그는 한 부서의 이름을 '컨슈머 마케팅 consumer marketing'에서 '크리에이티브 마케팅 creative marketing'이라고 바꿨더니 멤버들이 더 활발하게 아이디어를 내는 등 보다 의욕적으로 일하게 되었다고 합니다.

동일한 일을 하더라도 '컨슈머 마케팅'이라는 부서명에서는 소비자를 상대로 마케팅을 한다는 진부한 표현이기에 전혀 새로울 게 없어 의욕이 생기지 않습니다.

반면에 '크리에이티브 마케팅'으로 바뀐 순간, 멤버들의 의식이 변했습니다. 저커버그는 팀원들 사이에 '우리는 크리에이터니까 그에 걸맞은 퀄리티 높은 일을 하지 않으면 안 된다'는 사명의식이 솟아났다고 말합니다.

디즈니에서 일하는 스태프들은 모두 매우 열심히 일하면서 즐거워하는 것으로 유명합니다. 마치 디즈니 매직이라고도 할 수 있을 정도인데, 왜 그들은 그렇게까지 열심히 일할 수 있는 것일까요?

디즈니에서는 일반적인 회사에서 사용하는 언어 표현을 외면하고 디즈니만의 독자적인 용어를 사용하고 있습니다. 예를 들어 디즈니 용어로 방문객들을 고객이나 소비자가 아니라 '게스트guest'라고 합니다.

'그래서 그게 뭐?'라고 생각할 수도 있지만 소비자가 만족하지 않는다고 말하는 것과 '게스트가 만족하지 않는다'고 말하는 것으로는 스태프에게 받아들여지는 이미지가 전혀 다르게 다가옵니다.

소비자는 그저 상대해야 할 보통의 존재로 여겨지지만, 게스트는 대접을 해야 하는 상대이니 그들을 행복하게 해주고 싶다고 느끼게 됩니다. 다시 말해서 내가 손님을 접대하는 주인이라는 의식이 생긴다는 얘기입니다.

그런 의미에서 디즈니의 스태프들에게 일은 노동이 아니라 하나의 쇼에 해당합니다. 청소를 하는 사람조차 자신은 쇼를 위해 연기를 하고 있다고 의식하고 있습니다. 그렇기 때문에 청소하는 것도 즐거운 것입니다.

의욕이 나지 않을 때는 어쨌든 의욕이 생기도록 자기 마음대로 일의 명칭을 바꿔봅시다. 표현의 틀을 바꾸는 순간, 정말 신기하게도 의욕이 점점 생기는 일이 자주 있으니 말입니다. 될 수 있는 한 긍정적인 의미의 표현이 좋습니다. 그래야 동기부여도 높아지기 때문입니다.

미네소타대학의 알렉산더 로스만Alexander Rossmann 교수는 '당신은 600명 중 400명이 죽은 수술을 받고 싶습니까?'라고 묻는 실험을 했습니다. 대부분의 사람들은 '아니오!'라고 대답했습니다. 반대로 '당신은 600명 중 200명을 살린 수술을 받고 싶습니까?'라고 묻자 이번에는 '그렇다'고 대답했습니다.

마치 중국 송나라 때의 고사인 '조삼모사朝三暮四'라는 말이 생각납니다. 저공猪公이라는 사람이 원숭이들에게 상수리를 먹이로 주면서 말했습니다.

"너희들에게 먹이를 주겠는데, 아침에 세 개를 주고 저녁에 네 개를 주겠다. 어떠냐?"

원숭이들이 머리를 절레절레 흔들며 동의하지 않자 이번엔 이렇게 바꿨습니다.

"그럼 아침에 네 개를 주고 저녁에 세 개를 주겠다. 어떠냐?"

그러자 원숭이들이 모두 기뻐하며 받아들였다고 합니다. 사람도 마찬가지여서, 같은 것을 표현하면서도 조금의 차이를 두면 우리의 동기부여는 큰 영향을 받는 것입니다.

7
나쁜 소식일수록
빨리 보고하라

나쁜 소식을 상사에게 보고하는 건 누구나 싫어하는 일입니다. 상사가 불같이 화를 낼 것이 뻔하고 아무리 자신에게 큰 책임이 없어도 화풀이 대상이 되는 일도 있기에 대면을 하고 싶지 않다는 마음이 앞섭니다.

고객에게 나쁜 소식을 알리는 일도 마음이 무겁기는 마찬가지입니다. 될 수 있으면 보고를 하지 않고 그냥 지나가고 싶은데 그럴 수도 없으니 그냥 미뤄두기만 합니다.

하지만 나쁜 소식은 어차피 언제까지라도 숨길 수 있을 리가 없기에 빨리 보고해버리는 게 좋습니다. 나쁜 소식을 그냥 깔고

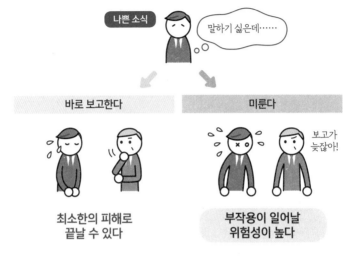

앉아 있다가 오히려 성가신 일로 번지는 경우가 흔하기 때문입니다.

그냥 깔고 앉았다는 사실은 달리 말하면 숨겼다는 의미이기에 상대방은 화를 내게 마련이고, 그러다 다른 방향으로 불길이 번지면 걷잡을 수 없는 부작용이 생길 수도 있습니다.

그런 이유로 아무리 나쁜 소식이라도 될 수 있는 한 빨리 보고하면 적어도 그 부분에 대해서 화를 내는 것은 그대로 받아들여야 하겠지만 더 큰 피해는 최소한으로 막을 수가 있습니다.

그러니 나쁜 일은 빨리 보고해버린다는 규칙을 확실히 실천

해보기 바랍니다. 그래야 빨리 대책을 세울 수 있고 제2, 제3의 나쁜 소식도 사전에 예방할 수 있습니다.

2001년에 미시간 대학병원은 전국적으로 의료사고 공표 프로젝트를 내세웠습니다. 그때까지 의료사고가 있어도 기본적으로는 공표하지 않는 것을 원칙으로 삼았는데, 이제는 의료사고를 솔직히 인정하고 사고 원인을 환자에게 설명하여 보상을 받을 수 있도록 한 것입니다.

이 프로젝트가 어느 정도 효과적이었는지를 조사한 앨렌 카차리아Allen Kachalia 박사에 의하면, 프로젝트 개시 이전 6년 동안과 비교했을 때 의료사고를 둘러싼 소송이 절반으로 줄었다고 합니다. 그때까지 평균 1년에 39건이었던 것이 17건으로 하락한 것입니다.

그만큼 의료사고 여부를 충분히 인지하고 있는 환자로서 소송을 벌이기가 어렵게 된 것이라고 볼 수 있습니다. 이후에 소송보다는 대화로 문제 해결을 위해 노력하는 방향으로 바뀌었다고 합니다.

또한 합의에 이르기까지의 기간도 30%나 짧아졌습니다. 예전에는 보통 18개월이 걸렸던 데 반해서 평균 10개월 내외로 감소된 것입니다. 나쁜 소식이라도 빨리 환자에게 전하는 편이 오히려 병원 쪽으로는 이득이 된 것입니다. 법률적인 소송에 휘말리지 않고 해결되기 때문입니다.

비즈니스도 마찬가지입니다. 나쁜 소식은 될 수 있는 한 마지막까지 감추고 싶어 하는 것이 인지상정이겠지만, 이것은 매우 나쁜 전략입니다. 오히려 더 큰 부작용으로 번질 수 있기 때문입니다.

좋지 않은 상황이 일어났을 때는 스스로 어떻게든 해보려는 것도 그리 나쁘지는 않지만, 우선은 상사에게 보고해서 여러 사람의 머리를 모으는 편이 좋습니다. 그러는 편이 현명하게 불행한 사태에 대비하는 지혜입니다.

8

청명한 날은
최대한 노력할 기회다

우리의 심리 상태는 그날의 날씨에 의해 많은 영향을 받습니다. '오늘은 아무래도 몸이 좀 안 좋은데……' 하고 생각될 때는 그건 자기 탓이 아니라 날씨 탓에 의욕이 나지 않는다고 생각하면 어떨까요?

그렇게 해서 남 탓으로 떨쳐버리는 편이 모든 일을 자기 탓으로 돌리는 것보다는 심리적으로 도움이 되기 때문입니다. 무슨 일이든 자기 탓으로 돌리는 습관이 축적되면 나중에는 살맛조차 잃어버릴 것입니다.

사람인 이상 로봇처럼 매일 정해진 양의 일을 계속 처리하는 것은 무리입니다. 엄청나게 일이 잘될 때가 있으면, 의욕이 나질 않아서 평소의 절반 정도밖에 할 수 없을 때도 있습니다.

이것은 인간이라면 너무나 당연한 일이기에 혹시 어느 날 갑자기 일할 의욕이 뚝 떨어지면 '이건 날씨 탓이야!' 하고는 잠시 휴식을 취하는 게 현명합니다.

맑은 날은 보통 사람이라면 기분이 좋아집니다. 이런 날은 아무리 힘든 일도 쉽게 해치워버릴 수 있을 것 같습니다. 반면에 날씨가 흐리고 우중충한 날이나 바람이 세찬 날은 왠지 마음이 착 가라앉아서 의욕까지 가라앉아버립니다. 그만큼 날씨가 사람에게 끼치는 영향은 지대해서 추운 지방과 더운 지방에서 태어난 사람이나 온화한 날씨가 연속되는 지방에서 태어나고 자란 사람들은 성격 자체가 현격한 차이가 있습니다.

프랑스 브르타뉴대학에서 심리학을 가르치는 니콜라스 게겐 Nicolas Guéguen 교수는 남녀 4명씩의 조교들에게 길가에 장갑을 떨어트리라고 했습니다.

뒤에서 조금 떨어져서 걸어오는 보행자가 이 장갑을 주워주는지를 측정하는 실험이었습니다. 게겐 교수는 날씨에 따라 장갑을 주워주는 경우가 달라지지 않을까 하는 가설을 세우고 맑은 날과 흐린 날로 나눠 실험을 했습니다.

결과는 예측한 대로였습니다. 맑은 날에는 65.3%의 사람들이 주워주었지만, 흐린 날에는 43.3%밖에 주워주지 않았던 것입니다. 맑은 날에는 사람들이 좀 성가신 일이라도 기꺼이 해준다고 볼 수 있겠습니다.

보통 사람은 식물처럼 태양을 좋아합니다. 그렇기 때문에 청명한 날에는 자연스럽게 기분이 고양됩니다. 일을 하기에 아주 좋은 기회가 된다고 생각하기 때문입니다.

흐린 날이나 비 오는 날에는 왠지 기분이 축 처지지만 맑은 날엔 다릅니다. 그러니 맑은 날에 일을 해치워버리면 흐린 날에 기분이 처져서 일을 할 수 없게 되더라도 미리 해놓은 일들로 어떻게든 일의 밸런스를 맞출 수 있습니다.

이탈리아 나폴리페데리코2세대학 주세페 바르바토 Giuseppe Barbato 박사가 이탈리아 저명작가 33명의 작품 생산성과 생산 계절에 대해 조사해보니 가장 집필이 잘되고 작품을 완성시키는 것이 많은 시기는 봄부터 여름에 걸친 기간이었습니다.

이처럼 우리는 계절적 요인에도 큰 영향을 받는다고 할 수 있습니다. 노력한다면 당연히 맑은 날, 그리고 계절로 보면 기분 좋은 봄부터 초여름 정도까지가 가장 집중해서 즐겁게 일할 수 있습니다. 이러한 사실도 외워두면, 몸이 귀찮고 힘들더라도 날이 맑다는 것만으로 기분이 고양될지 모릅니다.

9

쉬운 일을 먼저 하고,
힘든 일은 나중에

오전 중으로 마쳐야 할 일이 있다
면, 될 수 있으면 간단히 척척 해치울 수 있는 일부터 시작합시
다. 왜냐하면 무난하게 일을 처리하면 템포가 생겨서 스스로에
게 열의가 생기기 때문입니다. 그러니 충분히 열의가 생겼다고
자신할 수 있을 때 다소 힘든 일을 하면 좋습니다.

이 순서를 반대로 해서 하루의 시작을 힘든 일로 하면 일이 절
대로 끝나지 않은 채 시간만 흘러가는 듯 느껴지고 심리적으로
도 초조감이 생깁니다.

자신이 해야 할 일이 만약 100이라면 그중 아직 5나 10밖에

끝내지 못했다고 한다면 마음이 조급해지는 것이 당연합니다. 이럴 때는 무조건 자신에게 열의가 생기라고 독려하기보다는 수월한 일부터 해나가면 좋습니다.

독일의 과학 진흥을 위해 설립된 막스플랑크협회 Max Planck Gesellschaft 산하의 막스플랑크 연구소는 약 3,500명의 중학생들을 대상으로 숙제할 때의 열의에 대해 조사했는데, 처음부터 너무 어려우면 완전히 열의를 잃어버리고 만다는 사실을 알게 되었습니다.

이것은 중학생만이 아니라 어른들도 마찬가지입니다. 당장 해치울 수 있는 일이 아니라 골머리를 앓을 정도로 힘든 일이면 아무래도 의욕을 갖고 일하기가 힘이 듭니다.

그러니 그렇게 번거로운 일, 어려운 일, 시간이 들 만한 일은 조금 나중으로 미루고 우선은 간단한 일을 재빠르게 처리하는 것이 포인트입니다. 그런 과정에서 일할 마음이 충분히 잡혔다면 그때 열의가 생겨서 어려운 일도 처리해버릴 수 있는 것입니다.

자전거로 언덕길을 오르려고 할 때는 바로 시작부터 전력으로 페달을 밟는 것보다 얼마쯤 떨어진 곳에서부터 속도를 내서 오다가 페달을 밟아야 쉽게 오르막을 오를 수 있습니다.

업무도 마찬가지로 어려운 일을 처리하기 전에는 손쉽게 처

간단한 일부터 처리하고, 열의를 불태운다

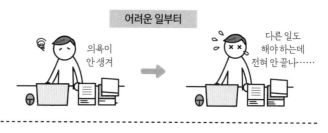

어려운 일부터

의욕이
안 생겨

다른 일도
해야 하는데
전혀 안 끝나……

간단한 일부터

해볼까!
열의가 팍팍
생기네!

리할 수 있는 일을 먼저 해냄으로써 충분하게 속도 조절을 할 수
가 있을 것입니다.

그러기 위해서는 일할 준비 과정을 다시 확인하고 될 수 있는
한 오전 중에 적당한 템포로 처리할 수 있는 일, 오후에는 조금
번거로운 일을 하는 계획으로 해나가는 게 좋습니다.

앞서 말했듯이, 너무도 버거운 듯한 일은 우선 손쉽게 처리할
수 있도록 세분화해버리는 것도 하나의 방법입니다. 어려우니까
의욕이 생기지 않는 것이지 세분해서 쉽게 해낼 수 있게 만들면
의욕도 생길 것입니다.

10
무리를 해서라도
멋진 모습을 보여라

　　　　　　　　　　　'젠틀맨gentleman'이란 원래 잉글
랜드의 유산계급인 젠트리gentry를 가리키는 말에서 파생되었
습니다. 이들은 귀족이라는 지위는 없지만 가문의 휘장을 사용
할 수 있는 권한을 부여받은 유산계층이었습니다.

　이들은 대부분 농장주, 법률가, 기술자, 대상인, 공장주 등 전
문적인 직업을 가진 부자들로 한 마디로 말해서 잘 먹고 잘 살며
자신을 잘 꾸미는 멋쟁이들이었습니다.

　현대사회에서 신사란 훤칠한 외모에 깨끗한 옷차림, 그리고
예절이 밝은 사람을 가리키는데 이제는 모든 성인 남성을 의미

하는 말로 사용되고 있습니다.

남자들은 젠틀맨을 좋아하고, 자기도 그런 사람이 되고 싶어 합니다. 생각해보면 누구나 자신의 멋진 부분을 어필하고 싶어 하니, 그것으로 젠틀맨을 지향하는 동기부여가 될 수도 있을 것입니다.

특히 남성은 여성이 보고 있으면 더욱 동기부여가 높아지는 경향이 있습니다. 어느 남자 고등학교에서 일어난 일입니다. 이 학교에서는 교내 마라톤대회가 가까워지면 체육시간 중에 학교 밖으로 몇 킬로미터씩 나가서 뛰곤 합니다.

그렇다고는 해도 선생님이 계속 보고 있을 리 만무하기 때문에 교문 밖으로 나가면 모두들 적당히 대충 뛰기도 합니다. 그런데 학생들이 어느 장소에만 가까워지면 모두 필사적으로 뛰기 시작합니다. 그곳은 바로 여자 고등학교 앞으로, 남학생들은 그곳을 통과할 때만 아주 열심히, 멋있게 뛰는 것입니다.

플로리다 주립대학의 세라 에인스워스Sarah Ainsworth 교수에 의하면, 남성은 진화론적으로 여성이 눈앞에 있거나 머릿속으로 여성을 떠올리면 별안간 의욕이 끓어오른다고 말합니다.

이를 생물학적으로 해석하면, 남성은 자신의 유전자를 남기기 위해 경쟁을 치르지 않으면 안 되기에 여성이 있는 곳에서 그런 마음이 높아지는 것이라고 합니다.

에인스워스 교수에 의하면, 이것은 오로지 남성에게만 볼 수 있는 현상이고 여성은 남성을 생각해도 의욕적으로 돌변하거나 경쟁 심리를 느끼지 않는다고 합니다.

그렇다면 적어도 남성에게 있어서는 주변 여성들에게 자신의 멋진 모습을 어필하고자 멋을 부리는 식으로 젠틀맨의 모습을 보여주는 것은 타고난 본성이라고 할 수 있으니 절대로 지나친 행동이라고 손가락질할 일이 아닐 것입니다.

따라서 '나같이 못생긴 남자는 적어도 일이라도 잘할 수 있어야 여성들이 상대를 해줄 거야'라고 생각하는 것도 그리 나쁜 생각은 아니라고 봅니다. 그렇게 믿고 있으면 일을 대충 하고 싶다는 마음이 들지 않을 테니 말입니다.

11

타인의 평가를
신경 쓰지 마라

젠틀맨이 되는 것과는 반대일 수 있지만, 타인에게 어떻게 보일까 신경 쓰지 않는 방법도 의욕적인 사람이 되는 데 무척 유효합니다. 전혀 상반되는 행동을 해서 의욕을 불러일으킨다고 하니 이해하기 어렵겠지만 인간의 마음이란 참 불가사의합니다.

내가 주위 사람들에게 어떻게 평가받고 있는지 불안해지면 제대로 행동할 수 없는 경우가 있습니다. 자기 자신이 생각한 대로 행동할 수 없기 때문입니다.

따라서 주위 사람들의 평가에 불안을 느끼는 사람은 '그들에게

사람들이 어떻게 생각하는지 신경 쓰지 않는다

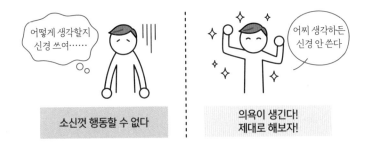

어떤 평가를 받든지 내가 알 바 아니다!'라고 딱 잘라 생각해버리는 편이 의욕적인 사람으로 변화될 수 있습니다.

그런 각오로 무장하고 주위 사람들이 뭐라고 하건 자기 의지대로 행동하면, 그런 행동에 책임을 지기 위해서라도 더 열심히 분투해서 결과를 얻으려 할 것입니다.

내 경우를 말하자면, 대학에서 진행한 '학생들에 의한 수업 평가'를 예로 들 수 있습니다. 내가 대학생이던 시절에는 없었던 일인데, 요즘엔 대학에서 학생들이 강의 담당자를 평가합니다. 말하자면 학생들이 선생에게 주는 성적표 같은 것이라고 할 수 있습니다.

그런데 그 성적표에 적힌 평가가 너무 엄격하고 냉정합니다. 익명의 평가이기에 학생들은 하고 싶은 말을 마구 해댑니다. 그러니 마음이 조금 약한 교수는 가시에 찔린 듯이 아프기만 합니다.

펜실베이니아대학의 스콧 암스트롱Scott Armstrong 박사에 의하면 학생들의 공부를 위해 많은 과제를 내거나 엄격하게 강의를 하면 교수의 의도와는 달리 학생들의 평가가 매우 나쁘다고 합니다.

반대로 숙제나 과제를 내지 않고 강의시간을 적당히 때우는 교수에 대한 학생들의 평가는 높아진다고 하니 정말 모순이 아닐 수 없습니다.

교수가 의지를 갖고 노력할수록 학생들의 평가가 나빠지기만 한다면, 이는 교수의 의욕을 잃게 만들 뿐 누구에게도 도움이 되지 않습니다. 요컨대 학생들의 수업 평가는 전혀 도움이 되지 않는다는 게 암스트롱 교수의 결론입니다.

부하가 상사를 평가하는 '360도 평가 방식'이라는 것도 있습니다. 직장에서 상사만 일방적으로 부하직원들을 평가하는 게 불공평하지 않느냐고 해서 생각해낸 방식으로, 부하직원들도 상사의 점수를 매기는 것을 말합니다.

그러나 2002년에 이 제도를 도입한 미쓰비시 자동차는 불과 1년 만에 그만두었습니다. 부하직원들의 평가가 신경 쓰여서 그들에게 비위를 맞추려는 상사가 속출했기 때문입니다.

부하직원들의 평가가 신경 쓰여 겁을 먹어버리면 상사로서 엄격한 태도로 대할 수가 없고, 업무의 신속한 진행을 위해 독려하거나 질책하는 것은 꿈도 못 꿀 이야기가 됩니다.

그래서 미쓰비시 자동차는 단 한 번만 시도해보고 폐지한 것입니다. 그렇다고는 해도 이런 제도를 만들어 시행하기 위해 회사는 엄청난 비용을 컨설팅회사에 지불했다고 하니 이래저래 손실만 입고 말았습니다.

끝마치며

어떠셨습니까? 귀찮은 일도 어떻게든 할 수 있을 것 같은 마음이 생기셨습니까? 독자 여러분이 매일 힘들다, 싫다고 느끼는 일들이 조금이라도 편해질 수 있게 되길 바라는 마음에 이 책을 집필했습니다.

억지로 하는 일에 의욕이 생길 리 없고, 누구에게나 하기 싫은 일은 있기 마련입니다. 그럴 때마다 도망칠 수는 없기에 어떻게든 해보자 하는 의욕이 중요합니다. 땅에 떨어진 의욕을 일으켜 세우는 힘은 당신의 마음에 달렸다는 것을 잊지 말기 바랍니다.

이 책으로 심리학자인 제가 도움을 드릴 수 있었다면 저자로서 그만큼 기쁜 일은 없을 것입니다.

- Ainsworth, S. E., & Maner, J. K. 2014 Assailing the competition: Sexual selection, proximate mating motives, and aggressive behavior in men. Personality and Social Psychology Bulletin, 40, 1648-1658.

- Anderson, R., Hanrahan, S. J., & Mallett, C. J. 2014 Investigating the optimal psychological state for peak performance in Australian elite athletes. Journal of Applied Sport Psychology, 26, 318-333.

- Armstrong, J. S. 1998 Are student ratings of instruction useful? American Psychologist, 53, 1223-1224.

- Bandura, A., & Schunk, D. H. 1981 Cultivating competence, self-efficacy, and intrinsic interest through proximal selfmotivation. Journal of Personality and Social Psychology, 41, 586-598.

- Barbato, G., Piemontese, S., & Pastorello, G. 2007 Seasonal changes in mood and creative activity among eminent Italian writers. Psychological Reports, 101, 771-777.

- Barling, J., Kelloway, E. K., & Cheung, D. 1996 Time management and achievement striving interact to predict can sales performance. Journal of Applied Psychology, 81, 821-826.

- Bashaw, R. E., & Grant, E. S. 1994 Exploring the distinctive nature of work commitments: Their relationships with personal characteristics, job performance, and propensity to leave. Journal of Personal Selling & Sales Management, 14, 41-56.

- Becker, C., & Stoll, O. 2007 Perfectionism and competitive anxiety in athletes: Differentiating striving for perfection and negative reactions to imperfection. Personality and Individual Differences, 42, 959-969.

- Bembenutty, H. 2009 Academic delay of gratification, self-efficacy, and time management among academically unprepared college students. Psychological Reports, 104, 613-623.

- Bluedorn, A. C., Turban, D. B., & Love, M. S. 1999 The effect of stand-up and sit-down meeting formats on meeting outcomes. Journal of Applied Psychology, 84, 277-285.

- Buehler, R., Griffin, D., & Ross, M. 1994 Exploring the "Planning Fallacy": Why people underestimate their task completion times. Journal of Personality and Social Psychology, 67, 366-381.

- Bushman, B. J. 2002 Does venting anger feed or extinguish the flame? Catharsis, rumination, distraction, anger, and aggressive responding. Personality and Social Psychology Bulletin, 28, 724-731.

- Cantarero, K., & van Tilburg, W. A. P. 2014 Too tired to taint the truth: Ego-depletion reduces other-benefiting dishonesty. European Journal of Social Psychology, 44,

743-747.

- Carton, A. M., & Aiello, J. R. 2009 Control and anticipation of social interruptions: Reduced stress and improved task performance. Journal of Applied Social Psychology, 39, 169-185.

- Chernev, A. 2003 When more is less and less is more: The role of ideal point availability and assortment in consumer choice. Journal of Consumer Research, 30, 170-183.

- Cioffi, D., & Holloway, J. 1993 Delayed costs of suppressed pain. Journal of Personality and Social Psychology, 64, 274-282.

- Coyne, J. C. 1976 Depression and the response of others. Journal of Abnormal Psychology, 85, 186-193.

- Croft, G. P., & Walker, A. E. 2001 Are the Monday Blues all in the mind? The role of expectancy in the subjective experience of mood. Journal of Applied Social Psychology, 31, 1133-1145.

- Dettmers, S., Trautwein, U., Ludtke, O., Kunter, M., & Baumert, J. 2010 Homework works if homework quality is high: Using multilevel modeling to predict the development of achievement in mathematics. Journal of Educational Psychology, 102, 467-482.

- Donovan, J. J., & Radosevich, D. J. 1999 A meta-analytic review of the distribution of practice effect: Now you see it, now you don't. Journal of Applied Psychology, 84, 795-805.

- Duckworth, A. L., Peterson, C., Matthews, M. D., & Kelly, D. R. 2007 Grit: Perseverance and passion for long-term goals. Journal of Personality and Social Psychology, 92, 1087-1101.

- Drwal, J. 2008 The relationship of negative mood regulation expectancies with rumination and distraction. Psychological Reports, 102, 709-717.

- Elliot, A., Kayser, D. N., Greitemeyer, T., Lichtenfeld, S., Gramzow, R. H., Maier, M. A., & Liu, H. 2010 Red, rank, and romance in women viewing men. Journal of Experimental Psychology: General, 139, 399-417.

- Giebels, E., DeDreu, C. K. W., & Van de Vlert, E. 2000 Interdependence in negotiation: Effects of exit options and social motives on distributive and integrative negotiation. European Journal of Social Psychology, 30, 255-272.

- Gray, S. W. 1990 Effect of visuomotor rehearsal with videotaped modeling on racquetball performance of beginning players. Perceptual and Motor Skills, 70, 379-385.

- Gueguen, N., & Lamy, L. 2013 Weather and helping: Additional evidence of the effect of the Sunshine Samaritan. Journal of Social Psychology, 153, 123-126.

- Hawk, S. T., Fischer, A. H., & Van Kleef, G. A. 2012 Face the noise: Embodied responses to nonverbal vocalizations of discrete emotions. Journal of Personality and Social Psychology, 102, 796-814.

- Huffmeier, J., Krumm, S., Kanthak, J., & Hertel, G. 2012

"Don't let the group down": Facets of instrumentality moderate the motivating effects of groups in a field experiment. European Journal of Social Psychology, 42, 533-538.

- Kachalia, A., Kaufman, S. R., Boothman, R., Anderson, S., Welch, K., Saint, S., & Rogers, M. A. M. 2010 Liability claims and costs before and after implementation of a medical error disclosure program. Annals of Internal Medicine, 153, 213-221.

- Kaspar, K., & Krull, J. 2013 Incidental haptic stimulation in the context of flirt behavior. Journal of Nonverbal Behavior, 37, 165-173.

- Killgore, W. D,S., Killgore, D. B., Ganesan, G., Krugler, A. L., & Kamimori, C. H. 2006 Trait-anger enhances effects of caffeine on psychomotor vigilance performance. Perceptual and Motor Skills, 103, 883-886.

- Klassen, R. M., Ang, R. P., Chong, W. H., Krawchuk, L. L., Huan, V. S., Wong, I. Y. F., & Yeo, L. S. 2010 Academic procrastination in two settings: Motivation correlates, behavioral patterns, and negative impact of procrastination in Canada and Singapore. Applied Psychology: An international review, 59, 361-379.

- Konig, C. J., & Kleinmann, M. 2005 Deadline rush: A time management phenomenon and its mathematical description. Journal of Psychology, 139, 33-45.

- Kudo, K., Park, H., Kay, B. A., & Turvey, M. 2006 Environmental coupling modulates the attractors

of rhythmic coordination. Journal of Experimental
Psychology: Human Perception and Performance, 32, 599–
609.

- Labroo, A. A., & Nielsen, J. H. 2010 Half the thrill is in the
  chase: Twisted inferences from embodied cognitions and
  brand evaluation. Journal of Consumer Research, 37, 143–
  158.

- Lally, P., van Jaarsveld, C. H. M., Potts, H. W. W., & Wardle, J.
  2010 How are habits formed: Modeling habit formation in
  the real world. European Journal of Social Psychology, 40,
  998–1009.

- Martin, S. J., Bassi, S., & Dumbar–Rees, R. 2012
  Commitments, norms and custard creams — A social
  influence approach to reducing did not attends DNAs.
  Journal of Royal Society of Medicine, 105, 101–104.

- Muraven, M., Tice, D. M., & Baumeister, R. F. 1998 Self–
  control as limited resource: Regulatory depletion patterns.
  Journal of Personality and Social Psychology, 74, 774–789.

- Nah, F. F. H. 2004 A study on tolerable waiting time:
  How long are web users willing to wait? Behaviour and
  Information Technology, 23, 153–163.

- Orpen, C. 1994 The effect of time–management training
  on employee attitudes and behavior: A field experiment.
  Journal of Psychology, 128, 393–396.

- Oppenheimer, D. M. 2006 Consequences of erudite
  vernacular utilized irrespective of necessity: Problems
  with using long words needlessly. Applied Cognitive

Psychology, 20, 139-156.

- Pekrun, R., Goetz, T., Daniels, L. M., Stupnisky, R. H., & Perry, R. P. 2010 Boredom in achievement settings: Exploring contro.-value antecedents and performance outcomes of a neglected emotion. Journal of Educational Psychology, 102, 531-549.

- Polivy, J., & Herman, C. P. 2000 The false-hope syndrome: Unfulfilled expectations of self-change. Current Directions in Psychological Science, 9, 128-131.

- Polivy, J., & Herman, C. P. 2002 If at first you don't succeed: False hopes of self-change. American Psychologist, 57, 677-689.

- Proffitt, D., & Clore, G. 2006 Embodied perception and the economy of action. Perspectives on Psychological Science, 1, 110-122.

- Rahimi, E. 2008 Survey of organizational job stress among physical education managers. Psychological Reports, 102, 79-82.

- Rolfe, A. 2008 'You've got to grow up when you've got a kid': Marginalized young women's accounts of motherhood. Journal of Community & Applied Social Psychology, 18, 299-314.

- Rothman, A. J., & Salovey, P. 1997 Shaping perceptions to motivate health behavior: The role of message framing. Psychological Bulletin, 121, 3-19.

- Rothstein, H. G. 1986 The effects of time pressure

on judgment in multiple cue probability learning. Organizational Behavior and Human Decision Processes, 37, 83-92.

- Ryder, D. 1999 Deciding to change: Enhancing client motivation to change behavior. Behavior Change, 16, 165-174.

- Scheibehenne, B., Greifeneder, R., & Todd, P. M. 2010 Can there ever be too many options? A meta-analytic review of choice overload. Journal of Consumer Research, 37, 409-425.

- Schubert, T. W., & Koole, S. L. 2009 The embodied self: Making a fist enhances men's power-related self-conceptions. Journal of Experimental Social Psychology, 45, 828-834.

- Schwartz, B., Ward, A., Monterosso, J., Lyubomirsky, S., White, K., & Lehman, D. R. 2002 Maximizing versus satisficing: Happiness is a matter of choice. Journal of Personality and Social Psychology, 83, 1178-1197.

- Segrin, C., & Nabi, R. L. 2002 Does television viewing cultivate unrealistic expectations about marriage? Journal of Communication, 52, 247-263.

- Shaulov, N., & Lufi, D. 2009 Music and light during indoor cycling. Perceptual and Motor Skills, 2009, 108, 597-607.

- Sias, P. M., Gallagher, E. B., Kopaneva, I., & Pedersen, H. 2012 Maintaining workplace friendships: Perceived politeness and predictors of maintenance tactic choice. Communication Research, 39, 239-268.

- Starek, J. E., & Keating, C. F. 1991 Self-deception and its relationship to success in competition. Basic and Applied Social Psychology, 12, 145-155.

- Tamir, M., Robinson, M. D., Clore, G. L., Martin, L. L., & Whitaker, D. J. 2004 Are we puppets on a string? The contextual meaning of unconscious expressive cues. Personality and Social Psychology Bulletin, 30, 237-249.

- Tibana, R. A., Vieira, D. C. L., Tajra, V., Bottaro, M., de Salles, B. F., Willardson, J. M., & Prestes, J. 2013 Effects of rest interval length on Smith machine bench press performance and perceived exertion in trained men. Perceptual and Motor Skills, 117, 682-695.

- Timmermans, D., & Vlek, C. H. 1992 Multi-attribute decision support and complexity: An evaluation and process analysis of aided versus unaided decision making. Acta Psychologica, 80, 49-65.

- Uysal, R., Satici, S. A., & Akin, A. 2013 Mediating effect of facebook addiction on the relationship between subjective vitality and subjective happiness. Psychological Reports, 113, 948-953.

- Watts, B. L., 1982 Individual differences in circadian activity rhythms and their effects on roommate relationships. Journal of Personality, 50, 374-384.

- Webb, T. L., Miles, E., & Sheeran, P. 2012 Dealing with feeling: A meta-analysis of the effectiveness of strategies derived from the process model of emotion regulation. Psychological Bulletin, 138, 775-808.

- Wexley, K. N., & Baldwin, T. T. 1986 Post-training strategies for facilitating positive transfer: An empirical exploration. Academy of Management Journal, 29, 503–520.

- Williams, L. A., & Desteno, D. 2008 Pride and perseverance: The motivational role of pride. Journal of Personality and Social Psychology, 94, 1007–1017.

- Wiltermuth, S. S., & Gino, F. 2013 "I'll have one of each": How separating rewards into (meaningless) categories increases motivation. Journal of Personality and Social Psychology, 104, 1–13.

옮긴이 **이정은**

고려대학교를 졸업하고 일본 히토쓰바시대학一橋大學 대학원에서 석사학
위와 '한일 근대의 인쇄 매체를 통해 나타난 근대여성 연구'라는 주제로
박사학위를 받았다. 현재 일본에서 대학강사로 활동하고 있다. 번역서로
《만만하게 보이지 않는 대화법》,《도망치고 싶을 때 읽는 책》,《자기 자신
을 좋아하게 되는 연습》,《살아남는다는 것에 대하여》등이 있다.

의욕이 바닥을 칠 때 읽는 책

신개정판 1쇄 인쇄일   2022년 06월 08일
신개정판 1쇄 발행일   2022년 06월 15일

지은이	나이토 요시히토
옮긴이	이정은
발행인	이지연
주간	이미숙
책임편집	이정원
책임디자인	위미경
책임마케팅	이운섭
경영지원	이지연

발행처	㈜홍익출판미디어그룹
출판등록번호	제 2020-000332 호
출판등록	2020년 12월 07일
주소	서울시 마포구 독막로18길 12, 2층(상수동)
대표전화	02-323-0421
팩스	02-337-0569
메일	editor@hongikbooks.com

ISBN   979-11-9142-083-8 (03190)

※ 이 책은 《의욕을 일으켜 세우는 심리학》의 신개정판입니다.